KUZU OTOKO

成長した女は、
その男を選ばない

A well matured woman
would not choose that man.
A textbook for
distinguishment of
"KUZU OTOKO"

"クズ男"見極め教本

見知らぬミシル
Mishiranu Mishiru

KUZU OTOKO

大和出版

「つらい」「苦しい」「悲しい」ばかりの恋は、もうやめませんか？――はじめに

女性はみんな「真面目で優しい男性がいい」と言いますよね。
でも、そうとわかっているのに、あなたを大事にしてくれない、不誠実な男性を好きになっていませんか？

生活がだらしなくて仕事ができないダメ男、女性に生活費を出させるヒモ男といった言葉がありますが、最近は、女性に平気で嘘をつき、女性を都合よく弄ぶ「クズ男」という言葉をよく耳にします。
あなたは、この「クズ男」と聞いて、どんな男性を思い浮かべますか？

はじめまして、僕は、「見知らぬミシル」と申します。

Twitterで恋愛や人間関係について投稿しはじめたところ、フォロワーが増えていき、現在、ありがたいことに約7万5000人もの方にフォローされています。

また、カウンセラーとして、これまで7000件以上の電話相談を受けてきました。

電話相談で、ダントツに多いお悩みが、実は、次のような「クズ男」についてのものなんです。


「『可愛いね』『好きだよ』と言って近づいてきたのに、こっちが好きになったら、いきなり音信不通に……」

「マッチングアプリで知り合い、アプローチされて付き合ったものの、相手は既婚者だった」

「初デートで意気投合し、お酒の酔いに任せて手を出され、そこからは都合のいい扱いをされ続けている」

そんなクズ男の特徴を簡単に紹介すると、
・「『好きだよ』と言うものの、全然会ってくれない」「『彼女とは別れるから』と言いながら全然別れない」などと、言っていることとやっていることが一致しない。
・付き合っていて言い合いになったとき「お前が悪い」「俺が全部悪いんでしょ？」などと、二人の問題として向き合おうとしない。
・「夜中に急に呼び出す」「気分でその日のデートを一方的に切り上げる」など、自分の都合だけで相手を振り回す。
・「平気でほかの女性とも付き合い出す」「付き合っているのにマッチングアプリで別の女性を漁っている」など、セルフコントロール能力が低く、異常なまでの女好き。
といったことがあげられます。

「そんなひどい男性、好きになるわけがない」と思われるかもしれませんね。

でも、彼らはうまく本性を隠し、とても巧妙に、狙った女性の懐に入っていきます。

そうして女性は次第に、「私には、この人しかいない」と彼に依存していき、彼から離れられなくなってしまう……。


先ほどもお話ししたように、僕は、電話相談を通して、クズ男に振り回される女性をたくさん見てきました。

そして、あるとき、Twitterで、次のような内容を投稿したのです。

「いい男と付き合うと、会っていないときも幸せを感じる。それは、彼らは安心感を与え続けるからだ。穏和な心、柔らかな表情、言葉の温かさ、そのすべてが安心感で溢れている。一方でクズ男は不安を与え続ける。だから会っていないときは胸を切り裂くような不幸感に襲われるのだ」

「結局のところ、クズ男と刺激的な恋愛をするか、誠実な男と穏やかで安定した恋愛をするかの二択しかない。クズ男を選ぶなら不安を覚悟するべきだし、誠実な男を選ぶなら物足りないなんて言ってはならない」

驚くことに、これらのツイートは、瞬く間に拡散されていきました。

そして、多くのフォロワーさんから、

「ミシルさんのツイートで目が覚めました。クズ男から離れることにします！」

「無事にクズ男を振ってきました。おかげで心のモヤモヤが晴れました！」

などの嬉しい言葉をいただく結果となりました。

この本では、僕なりの分析から、クズ男の特徴をあげ、なぜかいつも誠実な男性を見逃し、不誠実なクズ男ばかりを引き寄せてしまう女性の傾向と、これ以上、不幸な恋愛をしないための考え方をお話ししていきます。

あなたも、もし、意中の男性に対して、

「私が好きになった男性、ちょっと信用できないところがある」

「付き合い始めた彼氏、急に態度が冷たくなって、なんかおかしいな」

などと、少しでも違和感があったら、ぜひ、本文へと読み進めていってください。

この本が、クズ男に苦しめられているあなたを救うものになりますように。

見知らぬミシル

"クズ男" 見極め教本――目次

第2章 クズ男から抜け出せない人には、こんな特徴がある

第3章

クズ男と恋愛しないために知っておくこと

第4章 誠実な男性は、ここが違う

第5章 クズ男から卒業すれば、今よりもっといい女になれる

クズ男に花束を　おわりに

本文レイアウト　今住真由美
本文DTP　システムタンク
白石知美
安田浩也

クズ男の定義

今まで僕は、電話相談やSNSでのやりとりを通して、「クズ男と関わってしまったばかりに精神が蝕《むしば》まれ、自己肯定感が下がっていった女性」を数えきれないほど見てきました。

よって、この本でお伝えする「クズ男」とは、「相手の精神に悪い影響を与え、自己肯定感を下げる男」を指します。

つまり、あなたを大切にしない男性です。

「ダメ男」と「クズ男」は同じようなニュアンスで使われますよね。

でも、僕はこの二つをわけて考えています。

これは完全に僕個人の主観なのですが、ダメ男は「人に迷惑をかける男」で、クズ男は「人を傷つける男」です。

例えば、仕事ができないダメ男はたくさんいるけれど、仕事ができないクズ男はそんなにいません（会社の経営者とかにも結構います）。

つまり、クズ男は何かしらの有能性を持っている場合が多いと僕は思っています。

もし、あなたが、

「私が好きになった男性、仕事はできるんだけど、ちょっと人として冷たいところがある」

「付き合い始めた彼氏、なんとなく違和感があるんだけど、もしかしたらよくない男性なのかも」

と思っていたら、次のページの「クズ男タイプ診断」を試してみてください。

クズ男タイプ診断

クズ男といっても、さまざまなタイプがいます。

ここでは、あなたの身近な男性が、22 ページのどのタイプに当てはまるかを見ていきましょう。

そもそも人間は、誰しもクズ的な要素を持っていますし、完璧な人間なんていません。

あくまで、一つの目安としてください。

では、あなたの身近にいる男性は、次のページのAからCのうち、一番数字が大きいものはどれになりますか?

以下の計算方法で診断し、22 ページをチェックしてみてください。

〔計算方法〕

当てはまる…3
どちらかと言うと当てはまる…2
不明…0
どちらかと言うと当てはまらない…－1
当てはまらない…－2

知り合い～友人の段階

1 SNSで、寂しいアピールをしている……A
2 家族の悪口を言っている……A
3 自分のことを話さないので彼が何を考えているかわからない……A B
4 あまり目を見て笑わない……A B
5 息を吐くように「可愛いね」と言う……C B
6 最初からタメロで話したり、出会ってすぐ「一人暮らし？」と聞いたりする……B
7 モテ自慢や不良自慢をする……C
8 ギャンブル癖があったり、衝動的にお金を使うところがある……B
9 質問に対して質問で返してくる……B
10 下ネタの話題を振ってくる……B
11 話すとき、物理的な距離が近い……B
12 店員さんに無愛想な態度を取る……C
13 お酒を飲ませて酔わせようとする……B C

友人～付き合っている段階

19～21ページの A B C が、そのままAタイプ、Bタイプ、Cタイプになります

A タイプ　愛情不足タイプ

特徴

・精神的に不安定・閉鎖的・卑屈・寂しいと一人でいられない
・男友達がいない・最初は頻繁に連絡がくるが安心すると連絡しなくなる
・他人のことが信じられない・愛情を試そうとする
・女性に「私がいないとダメ」と思わせる

B タイプ　自制心欠如タイプ

特徴

・とにかく欲に弱い・距離感が近い・マザコンが多い
・責任を回避する傾向が強い・社交的・好奇心が旺盛
・性欲が強い・単純に女好き・自己肯定感は高め

C タイプ　自己顕示欲タイプ

特徴

・出世願望が強い・口調がきつい・束縛が強い
・他人を否定する・マウンティングしてくる・人の気持ちがわからない
・経営者に多い・客観視能力が低い・仕事などの能力が高い

当てはまる項目が5個以下だったら、クズ男である可能性が低いでしょう。

第1章

クズ男って、どんな男？

クズ男って、どんな男性なのでしょうか。

人によって、クズ男だと思うポイントは異なると思いますが、ここでは、僕なりに分析して、行動やセリフをあげながらクズ男の特徴を紹介していきます。

でも、これはあくまでも一例です。

あなた自身の経験と照らし合わせながら、参考までに読み進めていってください。

1

セリフ 息を吐くように「可愛いね」と言う

「可愛いね」と言われると、嬉しい気持ちになりますよね。

でも、男性は本当に好きな女性の前で、そう簡単に「可愛いね」なんて言えません。

「クズ男タイプ診断」（22ページ）のBタイプの男性に多いのですが、このような男性は、普段から女性と関わっていて、女性の扱いに慣れているので、なんの抵抗もなく「可愛いね」と言ってしまいます。

そして、「可愛いね」と言っておけば簡単に女性を抱けると思っています。

あなたがもし、男性からの「可愛いね」という言葉に過剰に反応してしまうのであれば、注意してください。

彼らの「可愛いね」は、「誰にでも言える言葉」であって、なんの洞察もありません。

だから、もし意中の彼がいとも簡単に「可愛いね」と言っていたら**「きっと、ほか**

の女性に対しても言っているのかもしれないな」と警戒しなければいけません。

もちろん、外見の魅力を褒めてくれる男性は素晴らしいでしょう。

でも、あなたと誠実に向き合っている男性は、あなたの内面的な魅力を伝えようとします。

なぜなら、誠実に向き合っている分、表面上には見えないよさを見つけることができるからです。

また、彼らは、内面的な魅力を伝えることによって、**「自分はこんなにあなたのことを見ていますよ」**というアピールをしています。

したがって、**「その言葉は私以外にも当てはまるかな?」「この男性は本当に私のことを知ったうえで褒めているのかな?」**と疑うことが大事なのです。

ポイント

その言葉はあなただけに向けられた、
代替不可能な言葉ですか?

2 モテ自慢や不良自慢をする

モテ自慢や不良自慢をする男性は、22ページのCタイプに分類されます。

基本的に彼らは自信がありません。今の自分に不満を持っているから、自慢をすることで自分を大きく見せようとしています。

また、このような男性は浮気をしてしまう可能性が高いでしょう。

なぜなら「モテる＝価値」だと思っていて、女性を自分自身の承認欲求のための道具として扱う傾向があるからです。

本当にモテる人はモテ自慢なんてしません。

「モテ自慢をする＝モテないからモテたい」という願望のあらわれでもあるからです。

さらに言うと、彼らはモテることをアピールして**「俺はほかの女からも言い寄られている価値ある男なんだ」**と女性に伝えようとしています。

ひどい場合は**「こんなにモテる俺が時間を割いてやっているんだから感謝しろ」**と

いった傲慢さを抱えていることも……。

また、不良自慢をする人は、**「昔は悪いことばかりしていたけど、ちゃんと更生している俺って偉いでしょ？」**ということを相手に伝えようとしています。

いずれにしても、モテ自慢も不良自慢も一種の自己顕示欲で、自分が他人から評価されることだけを考えています。

したがって、彼らは自分の話ばかりしようとします。

おそらく付き合ってからも、このような自分語りは続くので、聞かされる女性側は辟易するでしょう。

「モテる人とか不良とか好きじゃないし、かっこいいと思わない」とスパッと言える女性になってください。

＼ポイント／

彼は自信がなく自己顕示欲が強いのかも。
付き合ってからも自分語りは続くでしょう。

3 質問に対して質問で返す

意見に対して「なぜ？」と聞いてくることには何も問題ありません。

でも、質問に対して「なんで？」と返してくる男性には、注意が必要です。

なぜなら、

1　その質問に答えたくない
2　言い訳を考える時間を稼いでいる

ということが考えられるからです。

例えば、**「浮気してるでしょ？」**と質問して「なんで？」と答えるとしたら……。

「なんで？」と聞いて情報を引き出し、それに矛盾しない言い訳を考えています。

または、**「俺のこと、信用していないの？」**と返し、疑ったことに罪悪感を抱かせる策略です。

このような男性は、22ページのBタイプに当てはまることが多く、都合の悪い状況を巧妙に回避する術をたくさん持っています。

それから、まったく自分の話をしたがらない男性も注意が必要です。

彼らも質問に対して質問で返すことで、自分の話をすることから回避しています。

なぜなら、「実は既婚者である」など、相手に知られたら都合の悪い情報があるから。

僕はこれまで、「実は既婚者だとは知らずに、気づけば不倫相手になっていた」という相談を何件か受けたことがあります。

彼らの心理は**「聞かれなければ答えなくていいし、そもそも聞かれないようにしよう」**といった感じです。

したがって、**「気づいたら私ばかり話している」「長い間一緒にいるけど、彼のことは何も知らない」**といった状況であれば、彼はクズ男である可能性が高いでしょう。

＼ポイント／

クズ男は質問に対して質問で返し、都合の悪い状況を作らないようにしています。

4

店員さんに無愛想

22ページのCタイプの男性は、店員さんに対して不愛想な態度を取りがちです。

あなたは、そのような男性を、どう思いますか？

おそらくほとんどの人が嫌だと答えるでしょう。

でも、こういう男性と付き合っている女性ってすごく多いんですよ（飲食店でバイトしていて、よく見てきました）。

店員さんへの態度は「これから先、あなたに向けられる可能性がある態度」といえるし、その場限りの関係になると対応が雑になるということは、**「メリットがない相手には丁寧に接しなくていい」**と思っている可能性があります。

ですので、付き合う前に店員さんへの態度をよく観察しましょう。

一方で最近は、SNSやネットの記事などを通して、「女性は店員さんへの態度をチェックしている」という情報があるせいか、**「店員さんに対しても丁寧に接するク**

ズ男がいる」らしいです。

したがって、**「この人は、私が見ていないところでも他人に対して優しいか」**という視点で判断していかなければなりません。

付き合う前はある程度、時間をかけて相手を疑うことが必要なんですね。

「疑う」というと聞こえは悪いですが、僕は「信じる」ことも「疑う」ことも根本的にはそんなに変わらないと思っています。

なぜなら、何も疑わずに信じるというのは、単なる思い込みだから。

大事なのは、フラットな立場で、ありのままの相手を見つめること。

付き合う前は相手に夢中になりがちなので、冷静さを失わないようにしましょう。

＼ポイント／

店員さんへの態度を自分ごととして捉えましょう。
時間をかけて彼を見極めることも大事です。

5 女性の頭をぽんぽんする

誠実な男性なら、付き合っていない女性に対して頭をぽんぽん撫でないと思います。

だって、すごく失礼な感じがしませんか。

頭をぽんぽんするということは、相手を対等に見ていない可能性が高いでしょう。

僕は**「付き合う前に頭をぽんぽんしてくる男性が、付き合ったあと、その手がグーに変わった」**という話を何度か聞いたことがあります。

ここで問題になるのは、頭をぽんぽんされて喜んでしまう女性が非常に多いことなんですよね。

ちなみに、頭をぽんぽんされるのが嫌いという女性でクズ男に引っかかっている人を僕は見たことがありません。

それくらい象徴的な行為なんです。

これは、22ページのBタイプやCタイプに多いのですが、付き合っていない段階で頭をぽんぽんする男性は、だいぶ距離感の取り方を間違えています。

そして、早い段階で手をつないでくる男性にも気をつけてください。

本来、相手が本当に好きな女性なら気安く手なんてつなげないと思うんです。

いきなりホテルに連れ込もうとする男性にも同じことがいえます。

そういった男性は、完全に遊び目的であり、相手に性的な魅力を感じてはいるけど、決して愛してはいません。

性行為をしたから距離が縮まるのではなく、信頼関係ができたから性行為に進めるのです。

愛されていない段階で身体を許すのはやめましょう。

距離感や順序がおかしい男性には注意が必要です。

＼ポイント／

付き合う前に頭をぽんぽんする男性は、
付き合ったあと、その手がグーに変わる可能性がある。

6

セリフ

「絶対に幸せにする」など「絶対」と言い切る

「絶対に幸せにする」、一見、力強くて男らしいセリフですが、「絶対」という言葉が使われるときって、たいてい単純にそう思い込みたいだけではないでしょうか。

そしてもう一つ。「絶対に幸せにする」とはいつのことなのでしょうか？

また、「幸せにする」とはどういう状態を指すのでしょうか？

このように考えていくと、非常に曖昧な言葉だとわかります。

クズ男は一見聞こえがいいことをよく言いますが、そこには「無責任さ」「曖昧さ」が含まれている場合が多いです。

だからこそ、一つひとつの言葉の意味を吟味していきましょう。

＼ポイント／

一見聞こえがいいセリフに、違和感を持つことが大切。

7

セリフ

「好きじゃなかったらこんなことしない」と言う

「好きじゃなかったらこんなことしない」の最大のポイントは「好きとは言ってない」ということにあります。

あくまでも「好きじゃなかったら」。

言い換えるなら**「嫌いなら、こんなことしない」**です。

つまり、何も特別なことを言っていないのです。

でもクズ男は、この言葉で女性が喜ぶことを本能的に知っています。

そして、このセリフは「責任回避」の性質も持っています。

要するに、**「お前が勝手に好きだと勘違いしたんだからね。俺は好きなんて一言も言っていない」**ということです。

このように、彼らは絶えず言い訳や逃げ道を作ろうとします。

では、なぜここまで言い訳や逃げ道を作ろうとするのかというと、男性には、女性よりも「闘争本能・逃走本能」が備わっているからだと考えます。

クズ男は、理性よりも本能に従うため、より顕著に「闘争本能・逃走本能」があらわれ、暴力を振るったり、話し合いを避けたりするのですね。

やはり、男性の愛情や誠実さは「どれだけ責任を持った言動をしているか」にあると思います。

自分の言葉や行動に責任を持てないのは、クズ男の大きな特徴です。

このように彼らは、責任が生じないような間接的な表現で女性の心を射止めようとします。

軽薄な言動に心が動かされないように気をつけてください。

＼ポイント／

「好きじゃなかったらこんなことしない」は、
責任感のない男代表ワード。

8 セルフコントロール能力が低い

クズ男に代表される行為に「**ＢＢＵ**」というものがあります。

これは、「**暴力**」「**罵倒**」「**浮気**」です。

これらの三大クズ男行為は、理性の欠如、つまりセルフコントロール能力の低さからきています。

正直、これは一種の病気のようなもので、なかなか治るものではありません。

ただ、この「ＢＢＵ」は、普段そこまで顔を出しません。

最初から表面化させたら女性が離れてしまうので、巧妙に隠しています。

彼らもバカではありません。

そして、たいていそれは、付き合ったあとに表面化してきます。

でもそのとき、女性はすでに、彼に依存していることが多く、暴力を振るわれても、罵倒をされても、浮気をされても、「**彼のことが好きだから**」と別れることができません。

では、どうすればいいかというと、付き合う前にセルフコントロール能力の低さをあらわす片鱗を見逃さないことです。

例えば、ギャンブル癖がある・酒癖が悪い・ゲームに依存している・運転中、道路の渋滞で不機嫌になる・物を置くときに大きい音を立てる・可愛い子がいたら、すぐに目がいってしまうなど。

なかには、猫を被ることが上手なクズ男もいるので、中長期的な視点が大切なのです。

＼ポイント／

ギャンブル癖があったり、酒癖が悪かったりするのはセルフコントロール能力が低い可能性が高いでしょう。

9

自信があるように振る舞っている

前にも書いたように、クズ男は総じて自信がありません。

自信がないから鎧を纏《まと》い、自信があるように見せているだけです。

そもそも、本当に自信があったら、精神的に穏やかで謙虚でいると思います。

自信がないから女性を攻撃し、見下そうとするのです。

つまり、「『自信があるように見える』と『自信がある』はまったく違う」ということ。

クズ男に引っかかってしまう女性も、ほとんど自分に自信がありません。

クズ男のような男性（特に22ページのCタイプ）は、自信がない女性にとって、**「彼は、私にはないものを持っている！」**というように輝いて見えます。

でも、クズ男に自信があるように見えるのは、相手を見下し、自分の位置を相対的に上げているだけなので、それはまやかしにすぎません。

また、見下された女性も、相対的な位置が下がってしまうので、相手を見上げるような構造になり、どんどん自信を失っていき、自分を無価値な存在だと思い込むようになります。

そして、クズ男から見下され、雑に扱われることが続くと、女性は**「私は雑に扱われるような人間なんだ。こんな私と付き合ってくれるのは彼しかいない」**と、ますますクズ男から離れられなくなっていきます。

ここが彼らとの恋愛の一番恐ろしい点です。

＼ポイント／

クズ男は自信があるように見えるだけ。
その彼との恋愛は自信を失うメカニズムになっています。

10 セリフ「俺のことは好きにならないほうがいい」とけん制する

「俺のことは好きにならないほうがいいよ」って、ずるすぎますよね。

何がずるいかって「人は禁止されればされるほどしたくなる」という性質を完全に悪用しようとしている点です。

22ページのAタイプとBタイプに当てはまりますが、クズ男は、こう言えば相手が自分のことを好きになってくれると本能的に知っています。

では、彼らは自分のことを好きになってもらうためだけにこのように言っているのでしょうか。

答えはノーです。

そう、ほかにもこの言葉を言う目的があるのです。

それは、「責任の回避」です。

彼らは**「俺はダメだって言ったよね。でもそっちが勝手に好きになったんだよね」**

という状況を作ろうとしています。

この状況になってしまえば**「お前が悪いんだから」**と言えるので、完全に彼らのペースです。

さらに言うと、この状況、極めて依存させやすい構造になっています。

なぜなら、「禁止」→「許可」という流れを作ることで、特別感が生まれ、より高い幸福感を得られるようになっているからです。

このように、彼らはあの手この手を使って相手を依存に導いていきます。

「俺のことは好きにならないほうがいいよ」と言われても、**「お前みたいに自意識過剰な男を誰が好きになるの？ 自惚《うぬぼ》れないで」**と言える強い女性になりましょう。

＼ポイント／

「俺のことは好きにならないほうがいいよ」と言われたら素直に従いましょう。

11 セリフ 「好きだけど付き合えない」とかわされる

「好きだけど付き合えない」「好きだけど別れよう」といった、「好きだけど構文」にモヤモヤした経験はありませんか？

これは22ページのＢタイプの男性がよく言うセリフです。

彼らはなぜ、「好きだけど構文」を使うのでしょうか。

それは、相手をキープしたいからです。

「好きだけど」と言うことによって、**「もしかしたらこれから付き合えるかもしれない」**といった期待感を与えているのです。

「ごめん。付き合えない」と言われるより、**「ごめん。好きだけど付き合えない」**と言われたほうが、いくらか期待してしまいますよね。

また、「好きだけど構文」のほかに**「今は付き合えない」**と

こんな言動に要注意！

・「君のことは大事に思ってるから、彼女とはちゃんと別れるよ」
・「好きだけど今は付き合えない。待っていてほしい」
➡本当に実現されるのでしょうか？

いったセリフがあります。

果たしていつなら付き合えるのでしょうか？

これも「好きだけど構文」と同じで、**「今はほかの女の子とも遊びたいから付き合わないけど、俺のことはまだ好きでいてね」**というメッセージなんですね。

このように、クズ男は基本的に女性をキープしようという心理があります。

彼らが語る言葉には、常に曖昧性が含まれているので、**「なんかよくわからないけど曖昧に濁されているな」**みたいな違和感は、大体こういうところからきています。

ですので、自分の中で生まれる違和感をスルーしないでください。

特に付き合う前は盲目的になりがちなので、**「騙されていないかな？」「本当にこの人でいいの？」**と、自分の内側と対話することが大切です。

＼ポイント／

あなたのことをキープしようとしているのかも。

違和感の正体は彼の曖昧な言動からきています。

12 いつまで経ってもマッチングアプリを消さない

付き合っているのに、彼が頑なにマッチングアプリをアンインストールしようとしないので、「**アプリ消してよ**」「**なんでまだやっているの？**」などと相手に伝えたことがある女性は多いのではないでしょうか。

いつまで経ってもマッチングアプリを消さないとしたら、彼はクズ男である可能性が高いといえます。

なぜ彼らはマッチングアプリを消さないのでしょうか。

理由は簡単で「**もっといい人がいると思っているから**」。

今付き合っているあなたは「とりあえずの彼女」です。

既婚の男性がモテるように、彼女がいる男性もモテます。

なぜなら、パートナーがいることで余裕を持つことがで

❗ こんな言動に要注意！

・「暇つぶしで見ているだけだよ、ほら？」（トーク履歴を削除してから見せる
・「別にアプリ消す必要、なくない？　浮気とか疑ってる？」
➡頑なにマッチングアプリを消さないのは「もっといい人がいると思っているから」です。

きるからです。

このような男性はたいてい、周囲に彼女がいることを明かしません。

彼女がいると言ったら、マッチングアプリを使うことができないからです。

つまり、あなたは本命の女性を見つけるための踏み台になっているのかもしれません。

僕も、何度か「彼氏がマッチングアプリを消してくれない」という相談を受けたことがありますが、この場合、「マッチングアプリを使っていることを許して付き合っていく」か「別れる」しかありません。

禁止しても、見えないところで使用するのがオチでしょう。

ある相談者から聞いた話ですが、その相談者の彼氏は**「もし別れてしまったとき、その苦痛に耐えられないからマッチングアプリを使っている」**と言っていたそうです。

なかなか都合のいい理由だなと思いました。

＼ポイント／

彼がマッチングアプリを使用し続けるのは、あなたを踏み台にしているから。

13 話し合いを避ける

何か質問をしても「**そんなこと、どうでもよくない？**」「**なんでそんなにこだわるの？**」などと返されたり、ずっと黙っていたりする。

そんな彼にうんざりしたことはありませんか？

「話し合いを避ける」ことは、「**深いコミュニケーションを避ける**」ということ。

彼らがそうするのは、あなたと向き合いたくないし、あなたと向き合ってないことがバレたくないからなんです。

クズ男は相手のことをまったく見ていないので、しっかりとした受け答えができません。自分のことだけしか考えていないことがバレるのが嫌なんですよね。

女性を都合よく扱いたい彼らにとって、相手と真剣に向き合うのはコスパが悪い。

だから表面的なコミュニケーションで気持ちを繋ぎ止めようとしています。

したがって、「話し合いができないな」と感じたら早急に別れを決断しましょう。

それから、付き合う前に話し合いができるかどうかを確認する必要があります。

「話し合い」と聞くと、「問題を解決する」ことをイメージするかもしれませんが、それだけじゃないと思います。

例えば一緒に映画を観たときに、どこが面白くて、どんなセリフに共感したかをシェアするだけでも立派な話し合いではないでしょうか。

そんなときに、考えが違ったとしても、彼が自分の価値観を受け止めてくれるか、最後まで話を聞いてくれるか、しっかり見ていくことが必要です。

「この人とだったら困難を乗り越えようと思えるか」「この人とだったらどんな困難も乗り越えられそうか」という見方で判断することです。

それはたいてい、話し合ったときの姿勢でわかるでしょう。

＼ポイント／

彼らが話し合いを避けるのは、コスパが悪いから。

付き合う前に話し合いができるかを確認しましょう。

14 セリフ「普通は○○だよ」と、「普通は」を多用する

「普通は○○」というセリフには注意が必要です。

もちろん、体重や身長など数値を出せるものなら問題ありません。

でも、お互いの価値観を話すときに「普通は」という言葉を多用する人はクズ男である確率が高いでしょう。

彼らは「普通は」と言うことで一般的な正しさを押し付けていますが、これも相手と向き合っていないことのあらわれでもあります。

だって、せっかく勇気を出して自分の悩みを打ち明けたのに「普通はこうだよ」なんて言われたら嫌ですよね。

では、どういう表現をする人なら信頼できるのかというと、**「僕は○○だと思う」**と主張できる人です。

これはアドラー心理学でIメッセージ（主語を「私」にするメッセージ）と呼ばれ

ているもの。

「普通は」という言葉には責任がありませんが、「僕は」という言葉には責任が発生します。Ｉメッセージはとても誠実なんですよね。

または、「なんでそう思うの？」と、「なぜ？」を聞いてくれる人は信頼できます。「なぜ？」と聞くということは**「あなたの意見を詳しく聞かせてほしい」「理由を知りたい」**ということだから。

これは、**「表面的なことで判断しないし、たとえあなたと意見が違っても認めるよ」**という姿勢をあらわしています。

「普通は」という言葉で完結させるのではなく、「なぜ」で深くつながろうとしてくれる男性を選びましょう。

＼ポイント／

「普通は」と言ってあなたと向き合わない男性ではなく、「なぜ？」と聞いてあなたと向き合う男性を選びましょう。

15

セリフ

相談しても「考えすぎじゃない？」とかわす

あなたが、仕事がうまく進まず、上司に毎日怒られていることに悩んでいたとします。

その話を男性にしたときに「考えすぎじゃない？」と返ってきたら……。

「私の悩みを〝考えすぎ〟の一言で片づけるなんて……」と思いますよね。

「考えすぎじゃない？」は、思いやりのなさが凝縮されているセリフの代表例です（特に22ページのBタイプの男性がよく使います）。

ここで**「やっぱり考えすぎなのかな」**と納得してしまうあなた、それは違います。

「考えすぎ」なんてことは決してないんです。

考えすぎているのではありません。

人生に対して真剣に向き合っているのです。

では、なぜ、彼らがこのような発言をしてしまうのか。

それは、彼ら自身が自分の人生にあまり向き合っていないからです。

要するに**「そんなに真剣にならなくていいじゃん。俺と一緒に現実逃避して何も考えずに楽しく生きようよ」**と言いたいのです。

彼らは、相手が人生に対して真剣に向き合うと、自分が置いていかれそうで怖いのです。だから必死に繋ぎ止めようとします。

また、これに似た言葉に、**「なんとかなるよ」**があります。

一見耳障りがいいですが、これも相手の話をまったく受け取らないで発言している可能性が高いでしょう。

もちろん、ＴＰＯによってはすごく心が軽くなる言葉ではありますが、思考停止に導く言葉になっている場合は注意が必要です。

＼ポイント／

クズ男は深くものごとを考えようとしない。
思考停止の沼に沈まないように気をつけましょう。

16

セリフ

「俺よりも幸せにしてくれる人がいるよ」と言う

先ほど、**「俺のことは好きにならないほうがいいよ」**というセリフをあげましたが、それと似ているものとして**「俺よりも幸せにしてくれる人がいるよ」**もあります。

このセリフに妙な違和感を覚えませんか？

僕は非常に無責任なセリフだと思っています。

なぜなら、「俺よりも幸せにしてくれる人がいる」なんて、そんな保証はどこにもないからです。

もし仮に「俺よりも幸せにしてくれる人がいる」と言うなら、その幸せにしてくれる人間とやらを見つけてくるまでが責任ではないでしょうか。

また、このセリフには「決めつけ」が含まれています。

「俺よりも幸せにしてくれる人がいる」というのは女性が決めることで、男性側が決めることではありません。

勝手に自分の人生を決められてしまうのは、やはり不快になりますよね。

そもそも恋愛は、幸せにしてもらうためにすることではありません。幸せになるためのものです。

したがって、この発言は「**あなたは誰かに幸せにされるべき人間**」とも読み取ることができます。

言い換えると、「**あなたは誰かがいないと幸せになれない**」。

おそらく、これが違和感の正体なのではないでしょうか。

このように、クズ男の発言では端々に「無責任さ」や「決めつけ」が見られます。

もし彼の発言に引っかかることがあったら、冷静に考えてみてください。

きっと不誠実さが浮き彫りになってくると思います。

＼ポイント／

〝無責任さ〟と〝決めつけ〟という視点で、彼の発言を判断してみましょう。

17

セリフ 「俺が全部悪い」と軽く謝る

クズ男が言いがちなセリフとして**「お前のせいでこうなった」**というものがありますが、これとは対極的で**「俺が全部悪い」**というものもあります。

前者はひどいですね。すべてを相手のせいにしています。

「俺が全部悪い」というのは、一見、自分の悪さを認めているように見えますが、実際のところ、全然反省していません。

これを言っているときの頭の中は**「はいはい、俺が全部悪いです。悪いということでいいから、もう話し合いたくない」**です。

要するに「早く終わらせたい」。

しかも「自分の何が悪かったのか」の言及が何もないんですよ。

つまり、悪いと思っていなくても言えるセリフなんですね。

これらは22ページのAタイプに当てはまります。

さらに彼らは「信じてもらえないかもしれないけど」や「言い訳に聞こえるよね」といったことも言いがちです。

これは自分を守るための予防線で、「これを言っておけば責められないだろう」という策略なのだと思います。

クズ男は、このように相手の心理を操るのが非常にうまい生き物です。

なぜ彼らがこのような心理テクニックを獲得しているかというと、「ものごとをなるべく簡単に解決する」ということを繰り返してきたからだと思います。

要するに、自分の内面と向き合わずにすむような表面的な方法に頼ってきたということなんですね。

でも、自分の内面と向き合わないから、同じようなことを繰り返しているんです。

＼ポイント／

話し合いを終わらせたいだけの軽い言葉に注意しましょう。
クズ男は心理テクニックを学ぶ宝庫かもしれない。

18 別れ際にモヤモヤ感を植え付ける

彼が本音とは違うことを言ったり、曖昧な表現を使ったりするために、別れてからモヤモヤしてしまうこと、ありませんか？

22ページのAタイプの男性によく見られますが、**「これ以上、傷つけたくない」「価値観が合わない」**といったセリフが代表的です。

本音は、**「もう好きではない」「ほかの女性と遊びたい」**でしょう。

女性は直感的に「それが本心なわけがない」と思うので、納得できません。

では、なぜ、彼らはこのような発言をするのでしょうか。

それは、**「復縁をしたいと思わせるため」**です。

復縁をしたいと思っている女性の多くが、何かしらのモヤモヤ感を引きずっており、納得して別れていません。

実はこれこそが、相手を都合よく扱うためのクズ男の策略なんです。

彼らは本能的に「人間が最も依存的になるのは喪失を体験したとき」だと知っています。

だから、**「付き合う→モヤモヤ感を残して別れる→依存させる」**というのが一つのセットになっているのです。

彼ら側からしてみれば、元カノがセーフティーネットになってくれているので、安心してほかの女性と遊べるというわけなんですね。

今、Twitterなどでは、復縁を志願している女性たちのつぶやきが見られ、僕のもとにも多くの復縁をしたい女性から電話相談の申し込みがあります。

女性が復縁したいと思ってしまう背景には、このような策略が隠れているのです。

＼ポイント／

あなたが復縁したいなら、
彼の策略にハマっている可能性があります。

19 相手を所有物として扱う

相手を所有物だと思っている男性は、「**彼女をゲットした**」「**お前がほしい**」「**お前は俺だけのもの**」などと言った言葉を使いがちです。

束縛もこれに当てはまり、相手の行動を制限したり、相手を自分の思い通りにコントロールしたりする心理が含まれています。

彼らは、自分で自分をコントロールできないからこそ、相手をコントロールするのでしょう。

また、相手をコントロールするのは、相手に対して不信感があると考えられます。

束縛を例に出すと、束縛をしていないと、あなたがほかの男

こんな言動に要注意！

・「ほかの男と会わないで」
・「なんであいつとしゃべっていたの？」
➡このように、相手をコントロールしようとする言動は「相手をモノ扱いしている」と考えられます。

性と恋愛関係になってしまうのではないかという不信感があるのです。

そして多くの場合、それは自分自身に対する不信感からきているでしょう。

自分自身がすぐにほかの女性に目移りしたり浮気をしたりしてしまうから、相手もそうなってしまうのではないかと疑っているのです。

束縛を愛情と捉える女性がいますが、それは愛情とは程遠いものです。

よって、束縛が激しいなと思ったら、早急にその彼からは離れましょう。

また、付き合う前に、相手をモノ化したような言動が見られたら、それも注意が必要です。

＼ポイント／

なぜ束縛してしまうかというと、
相手への不信感や自分自身への不信感があるから。

20

セリフ

「もう二度としない」と言いながら裏切る

浮気する、約束を破るなどで、何度も裏切られているのに、「もう二度としない」という言葉に振り回された経験があるあなた。

なぜ彼らは「もう二度としない」と言うのでしょうか。

そしてなぜ彼らは同じ過ちを繰り返してしまうのでしょうか。

理由はクズ男特有の「その場しのぎの生き方」、つまり「現実逃避癖」にあります。

現実を直視したくないから、自分と向き合いたくないから、人と真剣に向き合うのが怖いから、そのような行動を繰り返しています。

そして、彼らの逃避先として最もふさわしいのが女性の懐です。

自分の存在を必要としてくれる女性を転々とすることで、彼らは自分自身や現実と向き合わず、自分の価値を認識しようとします。

でも、そうしていくにつれ、彼らは自分のことがわからなくなっていくのです。

やがて、言葉と行動が乖離していきます。

自分の口から出た言葉が、本当に自分が思っている言葉なのかがわからなくなり、思っていないことでもその場しのぎのために言ってしまう……。

では、どう信用すればいいのかというと、「二度としないために何をするか」、つまり「これから具体的にどんな行動をして誠意を表明するのか」を見ていくことです。

例えば浮気だったら「**もう飲み会には行かない**」とか「**信頼を取り戻すために、あなたとの連絡頻度や会う回数を増やす**」などです。

また、「ごめんなさい」が言えること、反省の気持ちを相手に伝えることも大事です。

迷惑をかけても、自分がやってしまったことの重大さをしっかり自覚して、行動を改めることができる人は、クズ男ではなく、誠実な男性だと思います。

＼ポイント／

謝罪と反省ができ、
これからどう行動するのかを見ていきましょう。

21

セリフ「言わなくてもわかるでしょ」と強引に納得させる

人間のコミュニケーションは大きくわけて二つあります。

一つは、言葉を伴う言語的コミュニケーション。

もう一つは、態度やしぐさなどで示す非言語的コミュニケーションです。

22ページのCタイプのクズ男はたいてい、言語的コミュニケーションを避けようとします。

なぜなら、彼らにとって言葉にして相手に伝えることは非常に面倒くさいことだから。

そのため、暴力によって簡単に片づけてしまおうという発想になるのです。

彼らにとって暴力こそが一つの言葉になっていて、一瞬にして相手を支配できる手段に味をしめているからこそ、時間と忍耐を必要とする言語的コミュニケーションを取るのなんて馬鹿馬鹿しく思ってしまうのです。

もちろん、言語的コミュニケーションを避ける男性のすべてが暴力を振るうわけではありません。

でも、言葉にするのを面倒くさいと思ってしまう人は、言葉以外のラクな方法に頼ろうとしがちです。

「不機嫌になる」も暴力と同じで、言葉にするのが面倒くさいから態度によって相手にわかってもらおうとしています。

したがって、「言わなくてもわかるでしょ」のようなセリフは、その奥に暴力や不機嫌が潜んでいる可能性があります。

付き合う前は、その悪魔が顔を出さないかもしれません。

だからこそ、それらに類似する発言には注意が必要です。

＼ポイント／

言語的コミュニケーションを蔑《ないがし》ろにするなら、
彼はクズ男かもしれません。

22

セリフ「お前のためを思って言っている」と支配しようとする

「お前のためを思って言っている」は、結局「自分自身のため」で、**「俺のためにお前を支配したい」**という意味だと思います。

本来の目的は相手をコントロールすること。

でもコントロールできなくなりそうだから「お前のため」と、あたかも思いやっているような理由を持ってくるのですね。

それから、このセリフが使われる場面って、おそらく女性側が相手の意見に納得していないときではないでしょうか。

納得していないから**「お前のためを思って言っている（だから俺の意見に従いなさい）」**と説得しているのです。

例えば、**「その男友達とは会わないほうがいい。これはお前のために言っている」**と言った場合、**「その男友達に彼女を取られたくない」**というのが本音です。

この場合、女性は**「私のことを本当に思っているなら、私の意見を尊重して」**と言うのがベストだと思います。

このような男性は、主に22ページのCタイプに当てはまるのですが、彼らがこのように相手を支配しようとするのは、自信のなさにあります。

自信がないから、相手をコントロールして優越感を味わいたいのです。

Cタイプの男性は意見をはっきり言うし、無理やり自分に従わせようとするので、自信があるように見えますが、実際のところは自信がありません。

僕が思うに、本当に自信がある人は、相手の意見を受け止める柔軟さがあります。

自信がない女性も、こういった「自信があるように見える男性」に惹かれてしまう傾向があるので注意しましょう。

ポイント

**クズ男は、相手をコントロールしようとします。

その支配欲の正体は、やはり自信のなさにあります。**

23

SNSで見抜く方法

クズ男は、SNSの使い方に特徴があります。
次のようなことから見極めていきましょう。

・鍵アカウントの女性をたくさんフォローしている
・フォローの女性率が異常に高い
・インスタでアンケート機能（遊び、飲みの誘い）を多用する
・女性の自撮りツイートや「お腹減った」などの日常ツイートを「いいね」している
・愚痴や不満のツイートが多い
・女性にしかリプライを送らない

彼らにとってSNSは「釣り堀」みたいなものです。
つまり、そこに釣り糸を垂らして食いついてくる魚（女性）を待っています。
最小限の努力で恋愛したい彼らにとって、SNSはとても便利なツールといえます。

リプライを送ったり、女性のツイートに「いいね」をしたり、インスタのアンケート機能を使ったりして、依存しやすく人恋しい女性が引っかかるのを待っています。

もし、相手のＳＮＳを見て、怪しいなと思ったら注意しましょう。

「恋人のＳＮＳは見ないほうがいい」という考え方がありますが、僕は恋人のＳＮＳは見てもいいと思います。

「恋人のＳＮＳを見ない」って結局、現実から目を逸らそうという考え方が根底にあって、問題の先送りでしかないからです。

また、文章には人柄が出ます。

文章にあった違和感は実際に会っても消えるものではないし、**「この人の文章が好き」**という人とは相性がいいものです。

＼ポイント／

ＳＮＳでの違和感は高確率で当たるもの。

ＳＮＳでこそクズ男は見極められます。

24

策略

女性の本心を捻じ曲げさせる

クズ男は、たとえその女性と付き合っていなくても、かなり早い段階で性的な関係に持ち込もうとする傾向があります。

そこでしっかりと断ることができればいいのですが、残念ながら身体を許してしまう女性が多いようです。

ただ、彼女たちの多くは「軽い女だと思われたくない」と思っていますし、好きではない男性と性行為をすることなんておかしいと自覚しています。

それなのにもかかわらず、彼女たちが身体を許してしまうのは、シンプルにクズ男の「強引さ」と「テクニック」によるものです。

こんな言動に要注意！

男「俺の家来る？　何もしないから」
女「初対面で家に行くのはよくないけど、何もしないって言っているし……」
➡手を出されるとわかっているのに彼の言葉を免罪符にして自分を肯定していませんか？

彼らは何十回何百回と性行為に持ち込む経験を積んできているので、彼女たちのガードをいとも簡単にくぐり抜けてしまいます。

こうなると、彼女たちの頭の中は、次のようなものになるでしょう。

「私はこの人のことが好きだから身体を許したんだ」。

要するに、彼女たちは**「私は好きでもない男性と性行為をするほど軽い女ではない」**と思うあまり、自分の本心を無理やり捻じ曲げるのです。

これこそがクズ男の策略です。

「女性は好きな男とセックスをするのではない。セックスした男を好きになるのだ」という有名な言葉がありますが、まさにこのことを意味しています。

＼ポイント／

股を広げるのではなく、
視野を広げましょう。

25

策略 言動の振り幅によって優しいと思わせる

クズ男と恋愛している女性がよく言っているセリフがあります。

「彼は〇〇だけど優しいところもある」

この「〇〇だけど」の部分は、例えばたまにひどいことを言うとか、乱暴なところがあるとか、言ってみればマイナス部分ですね。

ひどい言葉を言われたと思えば、今度は**「可愛いね」「愛している」**と言われる。

このような態度を取られると、女性はそのギャップで優しいと錯覚してしまいます。

この策略に引っかからないためにも、嫌なところとの比較で優しさを感じるのではなく、優しさの中の優しさを受け取るようにしてください。

＼ポイント／

優しいところがあるからといって、クズな部分に目を瞑《つむ》るのはやめましょう。

26

策略

優しさを使い回す

例えば、車道側を歩くとか、荷物を持ってあげるとか、**「お腹すいてない？」**と聞くといったことは、人を選ばずに使える、使い回しができる優しさです。

彼らにとって、このような行動をすることは、相手としっかりと向き合う必要がないため、非常にコスパがいいんです。

そして、「使い回しできる優しさ」は、わかりやすいというメリットがあります。

要するに、**相手から優しい人だと思ってもらえやすいのですね。**

このように、使い回しできる優しさを所有し、複数の女性に対して同時に使用していく、これがクズ男の一つの策略です。

＼ポイント／

「その優しさは使い回しできるもの？」
という視点を持ちましょう。

27

策略 「かもしれない」で期待させる

「言っていることとやってることが矛盾している」
「ところどころ、嘘や誇張が混じっていて、何が本当かわからない」
「気分屋なのか、態度がころころ変わる」

このようにクズ男の行動は、たいてい予測できないものです。

22ページのAタイプに多いのですが、彼らは自分のことをあまり明かしません。**「彼の心理がわかりません。彼は何を考えているんですか？」**と相談されることがありますが、それは彼らの行動に一貫性がなく、彼らが本音を隠して嘘を伝えているからでしょう。

すると、あなたは、

「今日はたまたま素っ気なかったけど、今度は優しくしてくれるかもしれない」
「連絡が途絶えたけど、また会ってくれるかもしれない」

「今付き合っている彼女と別れてくれるかもしれない」

「いきなり既読スルーされたけど、今度は連絡をくれるかもしれない」

などと、あらゆる行為に対して「かもしれない」と期待してしまうわけです。

このような「かもしれない」の連続で、女性はモヤモヤと考え続けていきます。

すると、彼について考えること自体が癖になり、強い執着を抱くようになるのです。

恋愛では、期待してもいい状況と期待すべきではない状況があると思います。

安心感がベースにある期待は問題ありませんが、不安感や不信感がベースにある期待は叶えられないことが多いものです。

現状を正確に捉えずに期待していると、彼らの策略にまんまとハマってしまうでしょう。

＼ポイント／

「かもしれない」戦略のカモになるのはやめましょう。

28

策略

ダメと思わせてますます ハマらせる

「俺のこと、好きになっちゃだめだよ」
「俺たちが会っていることは秘密だからね」
「今日は連絡してこないでね」
「これ以上、一緒にいると好きになりすぎてやばいから別れよう」

クズ男は、このような「ダメと言われたものほど求めてしまう」という心理効果を巧みに駆使しています。

「あいつはやめたほうがいいよ」と言われる男性を好きになるのも同様です。
「やめたほうがいいよ」と言われると、かえって興味がわいてしまうんですよね。

＼ポイント／

「押すなよ」と言われて押していいのは、
某三人組のコントだけ。

クズ男といい男の境界線

クズ男といい男を比較すると、このようになると考えます。

◆クズ男はあなたに不安を与える　いい男はあなたに安心を与える
◆クズ男はあなたに依存をさせる　いい男はあなたを自立に導く
◆クズ男はあなたの世界を狭める　いい男はあなたの世界を広げる
◆クズ男はあなたの魅力を喪失させる　いい男はあなたの魅力を引き出す
◆クズ男はあなたの愛情を奪う　いい男はあなたに愛情を与える
◆クズ男はあなたの自由を奪う　いい男はあなたの自由を広げる
◆クズ男は話し合いを避ける　いい男は対話を重ねようとする
◆クズ男はあなたの欠落を自覚させる　いい男はあなたに欠落があってもいいと思わせてくれる

◆クズ男はあなたと利害関係を築こうとする　いい男はあなたと信頼関係を築こうとする
◆クズ男はあなたを所有しようとする　いい男はあなたと共有しようとする
◆クズ男はあなたに価値観を押し付ける　いい男はあなたの価値観を学ぼうとする
◆クズ男はあなたを思考停止に導く　いい男はあなたと一緒に考える
◆クズ男はあなたと向き合ってくれない　いい男はあなたと向き合おうとする
◆クズ男はあなたの表現意欲を下げる　いい男はあなたの表現意欲を上げる
◆クズ男はあなたを卑屈にさせる　いい男はあなたを素直にさせる
◆クズ男はあなたの優しさに気づかない　いい男はあなたの優しさに気づいてくれる
◆クズ男はあなたを女性として扱う　いい男はあなたを一人の人間として尊重する
◆クズ男はあなたの表情を暗くさせる　いい男はあなたと一緒に笑ってくれる
◆クズ男はあなたの外見だけを肯定する　いい男はあなたの存在をも肯定する
◆クズ男はあなたを偽らせてしまう　いい男はあなたをありのままでいさせてくれる
◆クズ男はあなたの自己肯定感を下げる　いい男はあなたの自己肯定感を上げる

第1章のまとめ

クズ男を一言であらわすと、「あなたを大切にしてくれない男性」だと思います。

彼らは、他人と向き合いたくないと思っているため、女性を大切にできません。

でも、そもそも「大切にしない」ことに許可を出したのは誰なのでしょうか。

「大切にしない」男性を選んだのは誰なのでしょうか。

自分を大切にしてくれない男性を選ぶのも、自分を大切にしてくれる男性を選ぶのも、あなた自身です。

第2章

クズ男から抜け出せない人には、こんな特徴がある

ここでは、クズ男との恋愛をやめられない女性の特徴をお話しします。

第１章を読んで、彼がクズ男だと気づいても、女性はなかなかその男性から離れることができません。

でも、もしあなたがこの章で書かれている内容に当てはまっていたら、まず自分自身を見つめ直してほしいと思います。

特徴1

寂しさを埋めるために恋愛している

「寂しさを埋めるために恋愛する」、おそらくこれがクズ男のような男性と恋愛をし続ける女性にとって、最も多い特徴なのではないでしょうか。

というのも、寂しい女性は彼らにとって絶好のカモだからです。

彼女たちの最大の問題は「寂しさを誰かで埋めようとしていること」にあると思います。

でも、寂しさは他人で埋まるものではありません。

埋まるどころか、彼らとの恋愛で、彼女たちの心の穴はどんどん広がっていきます。

最終的には**「彼がいなければ、私は生きていけない」**という破滅的状況にもなるでしょう。

寂しさを埋める恋愛って、それくらい依存性があるんですよ。

特徴2

自分の内面をよくわかっていない

自分の内面をよくわかっていないことの最大のデメリットに「相手があなたを理解しているかどうか」の判断ができないことがあります。

ほとんどのクズ男があなたの内面的な魅力ではなく、外見的な魅力、あるいは依存させやすいかどうかで判断して、近づいてくると思います。

このとき、自分の内面についての理解が深ければ**「彼、全然私のことを知ろうとしないし、何を知って私のことを好きって言っているの？」**と、彼らからアプローチされても揺るがないはず。

でも、自分の内面をよくわかっていないと、**「彼は私のことが好きなんだ」**と短絡的に判断してしまいます。

彼らはあなたを好きなのではなく、都合がいいと思っているだけかもしれません。

このようなことにならないために、自分の内面をよく知ることが大事です。

特徴3

孤独の豊かさを知らない

クズ男に引っかかってしまう女性の多くが「孤独＝悪」と思っています。

こう考えていると、孤独を回避するようになり、結果的にクズ男に吸い寄せられていきます。

孤独が悪なのではありません。孤独の豊かさを知らないのが悪なのです。

まずはこの認識を変えていきましょう。

なぜ孤独の豊かさを知らないかというと、趣味が何もないからです。

趣味がある人にとって、孤独ほど豊かな時間はありません。

なぜなら、誰にも邪魔されず、誰の目も気にせず、好きなことができるからです。

したがって、「一人の時間が寂しい」ではなく、**「一人の時間だからなんでも好きなことができる」**と考える必要があります。

こうなれば、彼らに振り回されている時間がもったいないと思えるはずです。

特徴4

「好き」のハードルが低すぎる

彼女たちの多くが、簡単に**「彼のことが好き」**と決めてしまっています。

しかも、恐ろしいことに、彼女たちが好きだと思っている感情の多くが、「好き」ではない別のものであるケースがよくあります。

例えば、

ドキドキ、不安、恐怖、欲望、執着

などです。まずは**「本当に好きなのか？」**と自問自答し、「好きの検証力」を高めていきましょう。

安心や尊敬や信頼がない「好き」を好きだと認識してはいけません。

精神的に自立し、人間的に成熟すると、簡単に人を好きにならなくなります。

好きになりにくいということは、それだけ、しっかり相手を知ろうとする、「好きの検証力」が高いことを示しています。

特徴5

断れない

「断れない」と、相手の言いなりのままです。

特にクズ男は、こちらが断れないのをいいことに、どんどん要求をしてきます。

例えば、**「一回くらいはお金を貸してもいいかな」**と思って要求を一度のんでしまうと、それは地獄の始まりです。

そして、彼らの要求はどんどんエスカレートしていきます。

また、初対面で**「家に行っていい？」**と言われて部屋に泊まらせたり、**「今から俺の家に来て」**と言われて自分の都合を後回しにして相手の家に行ったりするのも、自分の意思を表明できない「都合のいい女性」になってしまいます。

断らないということは、人生の主導権を相手に委ねているということ。

つまり、断れないことは、自分を大切にしていないことと同義なのです。

特徴6

女性として扱われたい願望だけがある

「若くて綺麗だね」「髪型が俺のタイプ」という外見ではなく、

「人をよく見ていて、いろいろなことに気づくよね」

「自分の意見をしっかり持っているよね」

といった、人としての内面的な部分をも見てくれている人こそ誠実です。

女性として扱われたいと思うこと自体は悪いことではありませんが、女性として扱われることよりも「人として接してもらえる」ほうが大事だからです。

言い換えるなら、「人として尊重されているか」ということ。

「女性として」と「人として」の違いを見極めるようになるために、あなたも男性に対して一人の人として接することを心がけてください。

自分自身が「人として」を意識できるようになると、相手からの「人として」の対応にも気づけるようになります。

特徴7

自分のことが好きではない

「**自分のことが好きではない**」「**自分には価値がないと思っている**」という女性の多くは、「**私は雑な扱いを受けてもいいんだ**」と無意識のうちに思っているものです。

したがって、クズ男の雑な扱いに対して、正常なセンサーが働きません。

要するに、違和感に気づくことができないのです。

それから、そのような女性は、自分自身を無価値な人間だと思い込んでいるため、自分のことを大切に扱ってくれる男性があらわれたとしても、「**こんな私なんかを大切に扱おうとするなんて、この人、おかしいんじゃないか**」と妙な嫌悪感を覚えてしまう。

その結果、誠実な男性を見逃して、不誠実な男性を引き寄せてしまうことになります。

特徴 8

質問力が低い

相手がクズ男かどうかを見極めるために重要なのが「質問」です。

そもそも、質問をしなければ相手のことを知ることはできません。

あなたも、彼にどんどん質問をしていき、自分が知りたい情報を引き出していきましょう。

どんなことであっても、知りたいことは自分から知ろうとしなければ見えてこないものです。

聞きたいことを聞こうともしない、受け身の会話では、相手のペースにのまれて判断を誤ってしまいます。

内面を知るために、こんな質問をしましょう

「これまでの恋愛は、何が原因で別れたんですか？」
「今、夢中になっていることはありますか？」
「人と関わるときに意識していることはありますか？」

特徴9

最初から相手を信用しすぎる

「付き合う前はあんなに優しかったのに付き合ってから急変した」ということ、これまでにありませんでしたか?

最初から相手を信用しすぎると危険です。

なぜなら、猫を被っている男性が多いから。

したがって、初対面の印象が相手のすべてだと思い込んでしまうのは短絡的でしょう。

大事なのは、**「この人の優しさは、手段としての優しさなのかな?」**と考えること。

女性は優しい男性が好きですし、クズ男はそれを熟知しています。

これは、**「優しくしておけば抱けるだろう」**と思っている男性が大勢いるということを意味しています。

最初はしっかりと相手を疑うことも大事でしょう。

特徴 10

自分の意見が言えない

自分の意見が言えない理由は二つあります。

一つは、自分自身について知らないということ。

要するに、そもそも自分の意見がわからない状態を指します。

もう一つは、嫌われることを恐れて言えないということです。

この場合は、**「思っていることはあるんだけど、相手にどう思われるかが心配になって言えない」**という状態です。

自分の意見が言えない女性は、往々にしてクズ男からナメられ、**「こいつは意見が言えないから振り回せるな」**と思われてしまうんですね。

自分の意見が言えないということは、自分を守れないということ。

だから、自分の意思をしっかり表明してください。

「言いたいことを言って嫌われるのは仕方ない」と考えるようにしましょう。

特徴11

自分を客観視できない

自分を客観視することができていないとは、次のような状態を指します。
・自分が振り回されていることに気づかない
・自分が雑に扱われていることに気づかない
・自分が相手に依存、または執着していることに気づかない
なぜなら、それらが自分にとっての当たり前になっているからです。
なので、自分を客観視するためにも、幸せな恋愛をしている人の話を聞きましょう。
すると、自分がいかに惨めな思いをしているかがわかるはず。
カウンセリングを受けてフィードバックをもらうことも大切です。
人は自分が思っているほど、自分の状態を知らないもの。
まずはこのことを自覚しましょう。

特徴12

ラクをして何かを得ようとしている

例えば、ラクをして自分の寂しさを埋めようとするなら、クズ男と恋愛をするのが一番手っ取り早いでしょう。

彼らも都合のいい女性を探していますからね。

でも、そんな恋愛で寂しさは埋まりません。

そもそも、寂しさや不安を乗り越えることは簡単ではないでしょう。

本当に大切なものは簡単には手に入りません。

結局、しっかり自分と向き合って努力をして行動して失敗して学んで……というサイクルで人は成長していくものだし、何もしないで白馬の王子様はやってきません。

「他人に依存する自分を変えたいけど、元彼のことは諦めたくない」というのも同様。

全部ほしいというのは、単なるわがままなんです。

特徴 13

手を出されていないと自分に魅力がないと捉える

付き合っていない段階で手を出されたら、彼はあなたに異性としての魅力を感じているかもしれませんが、確実に愛されてはいません。

それに、付き合う前に身体を許すことで**「この人は彼氏ではない人にも身体を許すんだな」**と思われて、本命フォルダから外れ、キープフォルダに入れられます。

「自分で手を出しておいてそれはないでしょ」と思うかもしれませんが、これが男性なんですね。

自分の魅力不足だと思うから、簡単に身体を許してしまう。

その行為は、自分の価値を自分で下げている行為なんです。

軽い女になってはいけません。

強い女性になってください。

特徴 14

人に感謝しない

普段から人に対して感謝する人と、人に対して感謝しない人とがいたら、人は前者に優しくしようとするもの。

人に感謝しないと、あなたを大切にしようとする男性が離れてしまいます。

僕の経験上、クズ男に引っかかってしまう女性は、何かをしてもらったとき、**「ありがとう」**よりも**「すみません」**の割合が高いように見えます。

もちろん、何か迷惑をかけたら謝ることは大切ですが、必要以上に謝られることが好きな人はいません。

感謝されるほうが相手にとっても自分にとっても気分がいいのは当然です。

感謝とは、「当たり前を当たり前だと認識しないための手続き」だと僕は思います。

小さなことにもありがたみを感じることで、心が満たされていくはずです。

そして、心が満たされている人はクズ男に引っかかりにくいでしょう。

特徴 15

ものごとを決断できない

自分のことを大切にしてくれない男性と付き合うということは、自分に**「自分は大切にされなくてもいい」**というレッテルを貼っていることになります。

当然、相手からは**「大切にしなくても俺から離れることはないだろう」**と思われて、ナメられます。

ですので、自分の心の声を聞きましょう。

「彼から雑に扱われて苦しい」と心が悲鳴を上げているのに、その声を無視してはいけません。

決断は「決めて断つ」と書きます。

決めることも断つこともできなければ、あなたの人生は何も変わらないでしょう。

クズ男を手放せる女性は、勇気と覚悟を持つ素晴らしい女性です。

そんな女性をいい男は放っておきません。

特徴 16

自分が相手を変えられると思っている

クズ男と付き合う女性の中で**「私が彼を変えてみせる」**と意気込む女性がいます。

僕が知っている限りだと、たいていの場合、このパターンの恋愛は、女性がキャバオーバーになっています。

さらに、その男性に費やした時間と労力が惜しくて、女性が別れを決断できないケースが少なくないのです。

相手を変えようとしている時点で、初めから、その恋愛に愛はありません。

もし、そのような男性と付き合うのであれば、変えようとするのではなく、すべてを受け入れる覚悟を持ちましょう。

変わってくれることを期待してはいけません。

彼を変えるのは、あなたではなく、彼自身です。

特徴17

尽くしすぎる

自己犠牲的に尽くす女性の心理には、次のようなものがあると思います。

「尽くさないと、彼氏が離れていきそう」
「尽くすからこそ、自分には価値がある」
「尽くされたいから、尽くしている」

共通しているのは「相手のことをまったく見ていない」ということ。

勝手に部屋の掃除をしたり、仕事やお金の使い方についてのアドバイスをしたり

……、それは彼が本当に求めていることでしょうか。

相手のことが見えていない女性は、相手の言動の不誠実さを見抜けません。

結果、自分が大切に扱われていないことにも気づきません。

つまり、尽くす行為ではなく、尽くそうとする背景に本当の問題があるのです。

彼といい関係でいる女性は「尽くす」「尽くされる」という次元で考えていません。

特徴 18

恋愛に刺激を求める

クズ男から抜け出せない女性は基本的に自分で楽しみを創る力が弱いといえます。

これは、相手に楽しませてもらおうという「お客様意識」なんです。

このような意識があると、穏やかで優しい男性では物足りなさを感じるようになってしまいます。

一方で、クズ男は、嬉しい言葉をたくさん言ってくれるし、振る舞いもスマートなので、刺激的ではあります。

もちろん、遊びと割り切った関係なのであれば、そういった刺激的な相手と付き合うのもいいでしょう。

ただ、長期的なパートナーとして付き合うのであれば、冷静に考えていくべきです。

相手に刺激を求めなくてもいいように、普段から自分で楽しさを見つける力を身につけましょう。

特徴19

すぐに自分を責めてしまう

僕は「自分の問題だと思うこと」と「自分のせいであると思うこと」は別物だと思っています。

前者は「自分に非はないけど、その状況を作ってしまった自分の問題として受け止め、改善に向かうこと」、後者は「自分に非があることを認め、自分を責めてしまうこと」だと考えます。

クズ男から抜け出せない人は、彼が少しでも冷たくなったら**「私に魅力がないからだ」**と思い込み、彼から既読スルーされたら**「私が何かまずいことをしてしまったんだ」**と思い込んで、自分を責めがちです。

多くの場合、それは相手の気まぐれに振り回されているだけなので、必要以上に自分を責める必要はありません。

自分を責めて、自分を傷つけるのは、もうやめましょう。

特徴
20

表情が暗い

普段、電話相談をしていて思うのですが、クズ男の悩みで相談をしてくるほとんどの女性は声が暗いです。

声が暗いということは、表情が暗いということ。

あなたの表情が寄ってくる男性を決めているといえますし、あなたの表情次第で寄ってくる男性をコントロールできるでしょう。

明るい表情は笑顔の習慣で作られます。

最初は作り笑顔でもかまいません。

明るい表情や明るい声の女性は異性から魅力的に映りますし、多くの男性から好かれれば、クズ男に執着するのがバカバカしく思えるはずです。

明るい表情を作るには……

・口角を上げる
・嬉しいときに精一杯の笑顔を作る

➡普段から笑顔でいる人は、悲しい顔をしたときに悲しさが引き立つので、相手に思いを伝えやすいです。

特徴
21

ないものを見て、あるものを見ない

「自信がない」「可愛くない」「評価がない」「能力がない」などと、自分にないものばかり意識しているとメンタルが悪化し、自分の欠落を恋愛で埋めようと考えてしまいます。

そうなると当然、クズ男に引っかかりやすくなります。

「あるものを見る」というのは、性的な魅力や評価、能力だけではありません。

自分が好きなこと、自分が得意なこと、自分が大切にしている人や物、自分を大切にしてくれる人、**「恵まれているな」**と思うこと、これまでの貴重な経験、自分の個性などです。

これらは意識的に探さなければ見えてきません。

逆にいえば、意識さえすれば誰でも見つけることができます。

不足ではなく、充足を意識しましょう。

特徴22

クズ男的資質を引き出してしまう

ある先生の言うことはよく聞くけど、ある先生には反抗的な生徒っていますよね。これって、相手を尊敬しているかどうか、信頼しているかどうかの問題だと思います。

尊敬も信頼もしていない人の話は聞けないし、尊敬も信頼もしていない人の言葉は受け取れない。

要するに、あなたが相手から尊敬も信頼もされていないために、彼からクズ男的資質を引き出している可能性があるとも考えることができます。

逆にいうと、あなたから見たらクズ男でも、ほかの人から見れば、彼がクズ男ではなくなるということもありえます。

したがって、**「もしかしたら自分が彼をクズ男にしているのかもしれない」**と考えることはとても大切でしょう。

クズ男に好まれる女性と疎まれる女性

クズ男に好まれる女性と、疎まれる女性には、次のような違いがあると考えます。

◆いつも寂しがっている女性はクズ男に好まれる　自立した女性はクズ男に疎まれる

◆自己理解が浅い女性はクズ男に好まれる　自己を確立している女性はクズ男に疎まれる

◆意志が弱い女性はクズ男に好まれる　はっきりと意見が言える女性はクズ男に疎まれる

◆会話を相手任せにする女性はクズ男に好まれる　会話の主導権を握れる女性はクズ男に疎まれる

◆相手の内面を見ようとしない女性はクズ男に好まれる　相手の内面をしっかり見ようとする女性はクズ男に疎まれる

◆相手の嘘を見破れない女性はクズ男に好まれる　違和感をすぐに解消しようとする女性はクズ男に疎まれる

◆嫌われないように振る舞っている女性はクズ男に好まれる　嫌われる覚悟を持っている女性はクズ男に疎まれる

◆趣味がない女性はクズ男に好まれる　多趣味でプライベートが充実している女性はクズ男に疎まれる

◆芯がブレブレな女性はクズ男に好まれる　一貫性や信念を大事にしている女性はクズ男に疎まれる

◆女性として扱われたい女性はクズ男に好まれる　人として尊重されたい女性はクズ男に疎まれる

◆自分から人を好きにならない女性はクズ男から好まれる　自分から人を好きになろうとする女性はクズ男から疎まれる

第2章のまとめ

「自分を大切にしない男は手放せ」、それだけでは根本的には解決しないと思います。

例えばモグラ叩き。「モグラが出てきたら叩く」を繰り返していても、一向にモグラはいなくなりません。どうすればいいのかというと、土地を変えることです。

モグラではなく、その土地自体に問題があるからです。

この場合のモグラが「大切にしない男性」で、土地が「あなた自身」です。

あなた自身が変わらなければ、根本的な解決にはなりません。

第3章

クズ男と恋愛しないために知っておくこと

ここでは、僕が考える「恋愛で大切なこと」をお伝えします。

恋愛は突き詰めれば男女の人間関係。

そして、誰とどう生きるのかという、生き方の問題にもつながります。

この章では、クズ男と恋愛するのをやめるだけではなく、「人生をよりよくするためには、どのような自分になればいいのか」ということについても考えてみました。

ルール1

自己理解を深める

自分の内面を知る、つまり自己理解を深めることが大事だと第2章でお話ししました。自己理解は、いわば自分の人生の羅針盤となるもの。

これがあれば、絶えず前進することができ、進んでいる方向を間違えません。

では、自分の内面を知るために、次の質問になるべくたくさん答えてみてください。

「自分の長所・短所はどんなところ？」

「理想の自分はどんな自分？」

「理想のパートナーはどんな人？」

「コミュニケーションにおいて大切にしていることは？」

「関わりたくない人はどんな人？」

「死ぬまでに実現したいことは？」

「自分がほかの人と違うところは？」

「何をしているときに幸せを感じる？」

「これまでの人生で最も心が揺さぶられた体験は何？」

「何を美しいと感じる？」

「人生の中でどんな瞬間を大切にしている？」

「好きな本、好きな映画、好きな音楽は何？」

「そして、それが好きな理由は？」

「あまり人に知られていない自分のよさは何？」

すぐに思い浮かばない場合は、これから答えを見つけていってもいいでしょう。

そして、これらの答えは、ノートに日記として書く、ＳＮＳに書き込む、誰かに聞いてもらうなどして、アウトプットすることが重要です。

自己理解を深めて、自分の生き方を確立させましょう。

そして、相手が自分のどんなところを好きだと言っているのか、あるいは何を知って信頼しているのかを見極められるようになりましょう。

ルール 2

質問上手になる

第2章で「クズ男に引っかかってしまう人は質問力が低い」というお話をしましたが、質問力を磨くことで、相手のあらゆる情報を引き出すことができます。

ここではクズ男かどうかを見極めるために特に大事な質問をご紹介します。

質問をうまく駆使しながら自分の洞察力を鍛えていってください。


「お休みの日は何をしていますか？」

「趣味はなんですか？」

「今、夢中になっていることはありますか？」

↓クズ男は、女遊びが趣味であるため、趣味が少ないものです。

ただ、便宜的に趣味を捏造する可能性があるので、「きっかけはなんですか？」や「どんなところが面白いのですか？」と深掘りすることが大切です。

「前の彼女とはなんで別れたんですか？」

↓どれだけ正直に話すか、前の彼女を責めずに話すか、自分の至らなさをしっかりと自覚しているか、などを知ることができます。


「◯◯さんの弱みってなんですか？」

↓クズ男は自分を正当化したり、問題から回避しようとするため、弱みを自覚していない可能性が高いです。


「付き合う前に性的な関係になることについてどう思いますか？」

↓「身体の相性は大事だからアリだと思う」などと返ってきたら完全にクズ男です。


「普段、人と関わるときに大切にしていることはなんですか？」

↓この質問で人間関係上の価値観や考え方を知ることができます。クズ男はうまく答えられないことが多いでしょう。


「女性のどんなところを見ますか？」

「どういう女性が好きですか？」

↓外見的なことにしか言及していなかったら注意してください。

内面的なことを言っていたら、本当にそういったところを見ているのかを確認していきましょう。


言葉と行動が一致しているかという視点が大切です。


「私のいいところってどこですか？」

「なんで私と一緒にいてくれるのですか？」

↓「可愛いから」「落ち着くから」といった回答であれば、あまり信用はできません。

なぜなら、誰にでも言えるからです。

誰でも言える内容を答えるということは、あなたのことをあまり見ていません。

ただの遊び相手かもしれません。

素直さ、穏やかさ、言葉遣い、礼儀正しさ、謙虚さ、考え方など、あなたの内面について具体的に答えてくれたら、クズ男である確率は低いでしょう。

「小説は読みますか？」

↓小説を読むという行為は、自分とは違う世界や物語を体験し、他者への想像力を磨くことにもなるので、もし小説をたくさん読んでいるようであれば、クズ男である確率が低いでしょう。

それに、小説を読むということは、孤独な時間や寂しい気持ちを自分自身で完結・昇華させてきたことをあらわしています。

なぜならクズ男はそういったとき、小説を読むのではなく女性を求めるからです。

「日記やブログなど、文章を書くことはありますか？」

↓文章を書くためには、国語能力と、ものごとを客観視する能力が必要です。

国語能力がないと自分の内面を分析できないし、ものごとを客観視する能力がないと自分の言動が一致しなくなります。

文章を書く習慣がある人は、クズ男である確率が低いでしょう。


「普段、どんなことにお金を使いますか?」

↓お金の使い方には、その人の価値観が出ます。

クズ男はセルフコントロール能力が非常に低いため、衝動的にお金を使うばかりか、お金の使い道を把握していない傾向があります。


「何か続けていることってありますか?」

↓クズ男は飽き性で信念がないため、継続が苦手です。

そのため恋愛も継続しません。

ある信念に基づいて何かを継続させることができる人は、人間関係を継続させる力も強いと考えられます。

「仕事は大変ですか？」

↓仕事内容を話すか職場の人間関係の愚痴を話すかで、一つの判断材料になります。クズ男は、あらゆることを他人の責任にするため、不満や愚痴が多いもの。目を輝かせながら自分の仕事の魅力を話してきたなら、クズ男である確率が低いでしょう。

「結婚したいと思いますか？」
「なんで結婚したいんですか？」

↓結婚観を詳しく聞き出すことは大切です。

クズ男ほど、付き合うことや結婚をゴールだと思っています。

相手が自分のものになって安心するんですよね。

でも、結婚はゴールではなく、あくまでもスタートです。

どんな家庭を築きたいとか、どれくらいの覚悟があるのかとか、子供の教育についてどれだけ考えているかは、質問していかないとなかなか見えてきません。

クズ男と結婚してしまうと、子供が健全に育ちません。

あなたの質問力が子供の幸せまでも決めてしまいます。


「愛って、なんだと思いますか？」


↓なかなか勇気のいる質問ですが、クズ男なら「え？　そんな難しいことわからない」「そんなこと、どうでもよくない？」などと、高確率でかわされるでしょう。

彼らは抽象的で哲学的な問いについて考えることを嫌います。


質問をして相手の価値観、思想、熱意、信念、信条、感情などを引き出すことがポイントです。

また、質問するばかりではなく、同時にあなた自身について伝えることも大切です。

クズ男は基本的に自分の内面と向き合うことから逃げてきたので、これらの質問にしっかりと答えられない場合が多いでしょう。

質問によって、相手がどのような男性なのか見極められるようになってください。

ルール
3
相手を疑いながら、観察する

「この人は本当に私のことが好きなのかな?」

「この人は私のどこを見て好きだと言っているのだろう?」

「この人は何か裏があって私のことをこんなに褒めているのかもしれない」

「この人、初対面なのにやけに馴れ馴れしい。なぜだろう?」

「この人は自分のいい面しか見せていない。なぜだろう?」

「この人には何か妙な違和感を覚える。なぜだろう?」


大切なのは、しっかりと相手を観察することです。

疑問が浮かんだら、頭の中で想像するだけではなく、相手を観察して、事実をもとに分析して、検証してください。

そして、必要に応じて相手に聞いてみてください。

相手を信じるためにはしっかりと疑う必要があります。

ルール4

自己肯定感を高める

自己肯定感を高める方法は、「短期的に高める方法」と「長期的に高める方法」があります。それぞれ、説明していきますね。

短期的に高める方法

※個人差がありますので、実践して検証してください。

・筋トレをする
・日光を浴びる
・背筋を伸ばす
・掃除をする
・人を褒める
・好きな服を着る
・セルフハグをする

・瞑想やヨガをする
・好きな音楽を聴く
・好きな映画を観る
・憧れのタレントの真似をする
・自分のいいところを三つ唱える
・穏やかで尊敬できる人と話す
・ガッツポーズをする
・ポジティブな言葉に触れる、その言葉をつぶやく

長期的に高める方法

●基礎編（土台を形成する）

自己肯定感とは「自分を知り、その自分を受け入れ、肯定すること」。

自分の強みも弱みもつらい過去も不安な未来もすべて知ったうえで、「これが自分なのだ」と自分に対してＯＫを出すことです。

自分の見たくない部分に目を背けていては、自己肯定感を高めることはできません。

そのために、まずやるべきことは、健康になることです。

人は不健康になると、ものごとをプラスに考えることができなくなり、ものごとを正常に考えることができなくなります。

まずはよく寝ましょう。適度に運動をしましょう。そしておいしいものを食べましょう（発酵食品がおすすめです。腸内環境が精神衛生面を健康にします）。

生活が規則正しく整ったら、自分にマイナスに作用するものを避けましょう。

会いたくない人に会わない、特に目的がないならＳＮＳで見たくないものを見ない、やりたくないことをやらない、言いたくないことは言わない。

自分の状態を悪くするものを徹底的に排除しましょう。

マイナスなものを排除し終わったら、自己理解に進んでください。

見えてくる自分がなんであろうと「わかってよかった」「知ってよかった」「これからさらに伸ばしていこう」「これから努力して改善していこう」と前向きに受け入れていきましょう。

ルール5

自分の人生を生きる

117ページの自己肯定感の土台ができて初めて、自己実現をするための準備が整います。

そして、自己実現をするためには次の5つが重要だと考えます。

❶実現したい目標を立てる
❷その目標を達成する目的やメリットを考える
❸自分の今の状況を知り、目標までの距離を把握する
❹目標に到達するまでの戦略を考える
(どんな方法があるか、誰が協力してくれるか、どんな環境がふさわしいか、何がモチベーションに火をつけ、何がモチベーションを持続させるか)

❗「自分の人生を生きている」とは……

彼の人生を生きている➡「彼からよく見られたいから、彼好みのファッションや髪型にしよう」
自分の人生を生きている➡「私はこのファッションと髪型が好きで、こだわりがあるからこうしている」

⑤何から始めるかを考える

恋愛で悩む女性の多くが、彼に合わせすぎていて、本来のその人自身を出せていません。

ほかの誰かの人生を生きていて、自分の人生を生きていないのです。

あなたが自分の人生を真剣に生きていれば、それだけで異性からは魅力的に映るでしょう。

自分の人生を生きるとは、他人から好かれるために生きることではなく、他人から認められるために生きることでもなく、ほかの誰とも似ていないありのままの自分を受け入れ、そこから真の経験を重ねていくことです。

もし仮に、失敗や挫折、困難に直面することがあっても、それらはあなたの人生の物語を豊かにします。

人生の時間は有限です。

クズ男に振り回されている暇などありません。

ルール6

悩みのほとんどは暇が原因だと知る

人は、繁殖と繁栄という二つの目的で本能的に動かされている生き物です。

特に繁栄という目的では、暇というものは人間にとって不必要だといえます。

ここでいう暇とは、やることがなく思考が停止している状態を指します。

人間が何も考えず、何もしなければ、文明は発達していません。

したがって、人間の脳は、無理やり悩みを作り出し、暇を作ることを回避します。

悩みを作り出せば人は考え続けることができ、暇を免れることができます。

でも、ここで問題なのが、作り出されたその悩みは「暇を埋めるために便宜的に作られた悩み」なので、実質的な意味を持たないということ。

つまり、考えても考えても終わりがありません。

また、悩みというものの多くは、次のようにコントロールできないものです。


「彼氏からＬＩＮＥがこない」

「彼氏に嫌われたのかもしれない」
「これを伝えたら彼氏に引かれるかもしれない」

これらはすべて「彼氏がどうするか」という問題であって、自分ではどうしようもできませんよね。

このような「コントロール不能問題」には、どのように対処していけばいいか。

それは「コントロール可能問題にすり替える」ということです。

次のように考えてみてください。

「彼氏からLINEがこない」
↓彼氏からのLINEを待っている間、何をしていればいいか考えよう。
↓そもそも、相手からの連絡を気にしないように、やりたいことを見つけて生活を充実させよう。

「彼氏に嫌われたのかもしれない」

↓今度会ったら、「もし、私に何か言いたいことがあったら、いつでも言ってね」と相手に伝えてみよう。

↓そもそも「嫌われてもかまわない」というマインドを持つようにしよう。そのために、他者の評価を軸に生きるのではなく、自己評価を軸に生きるようにしよう。


「これを伝えたら彼氏に引かれるかもしれない」

↓自分が伝えたいことを相手が受け取りやすいように伝えるにはどうしたらいいか考えてみよう（「私は〇〇だと思う」「私は〇〇だと嬉しい」というように、主語を「私」にすることが大切です）。


クズ男と関わって心が病んでしまった人は、冷静にものごとを考えていくことができなくなっています。

だからこそ、普段から、このように「コントロール可能問題にすり替える」練習をしてみてください。

ルール
7
不安の正体を突き止める

クズ男との恋愛に限らず、恋愛していると不安になることがあると思います。

そもそも女性は、「子供を産み、守り、育てる」という目的のもと、本能が最適化されてきたので、男性よりも不安を抱きやすい生き物です。

したがって、まず、「不安を感じてしまうのは仕方がない」と受け止めてください。

そのうえで、不安の正体を知りましょう。

そうすれば、問題に対処しやすくなり、気持ちが落ち着くと思います。

まずは自分の不安がどの時間軸に存在しているのかを考えていきましょう。

「最近彼が冷たいのは、あのときの私のあの言葉がだめだったからかな（過去）」

「これから先、いい人があらわれなかったらどうしよう（未来）」

「明日のデートで彼に嫌われたらどうしよう（未来）」

「彼があのとき冷たかったのはなぜだろう（過去）」

このように人は、過ぎ去ってしまった過去のこと、起きてもいない不確実な未来のことを、ただただ考えて、不安に苛まれる傾向があります。

よって、時間軸で整理し、「今」にフォーカスすることが大切です。

そのうえで、**「この不安は自分にとって必要なこと?」**と考えてみましょう。

おそらく不要な不安がたくさんあるのではないでしょうか。

そして、不要な不安を取り除いていくと、**「今、自分の人生で熱中できているものがない気がする」「転職活動、どうしよう」**などといった**「これはちゃんと考えるべきことだな」**という必要な不安が見えてくるはずです。

「彼から嫌われたらどうしよう」という不安は他者が直接関わっている不安ですよね。

他者が直接関わっている不安はコントロールが難しいですが、自分の人生の不安はコントロールしやすいものです。

不安に苛まれるのは、不要な不安でキャパオーバーしているからです。

だから定期的に不安というデータを削除して、考えるべきことに集中しましょう。

ルール8

帰納法で経験を学びに変える

「考えること」そのものはとても重要です。

でも、暇を埋めるためだけに作られた悩み（思考）に振り回されるのは、もったいないと思います。

だからこそ、自分の意思で、目的を定めて考えていきましょう。

そこで、誰でもできる思考法をご紹介したいと思います。

この思考を体得することができれば、クズ男に引っかかることはなくなり、恋愛が飛躍的にうまくいくでしょう。

「帰納法と演繹法」という言葉を聞いたことがありますか？

難しそうだと思うかもしれませんが、この思考法は恋愛でも非常に使えるものなのです。

まず帰納法からご説明します。

帰納法とは

帰納法とは、複数の事実から共通点を発見して、結論を導き出す思考法です。

具体例をあげますね。

例1

「私が付き合ったクズ男Aは、すぐに不機嫌になる人だった」
「私が付き合ったクズ男Bは、私に怒鳴ることが何度もあった」
「私が付き合ったクズ男Cは、イライラすると物に当たる人だった」

私が付き合った男に共通するのは、「セルフコントロール能力が低く、自分の機嫌を自分で取れない」ということ。

よってクズ男は、セルフコントロール能力が低く、自分の機嫌を自分で取れない。

例2

「私が男性Aに振られた理由の一つに『寂しさをぶつけてしまったこと』がある」
「私が男性Bに振られた理由の一つに『連絡がこなかったときに追いかけてLINEをしてしまったこと』がある」
「私が男性Cに振られた理由の一つに『してくれることばかり求めて自分は何も与えてなかったこと』がある」

私が振られた理由に共通するのは、「自分の都合しか考えていなかった」ということ。

よって自分の都合しか考えていないと男性から振られてしまう。

帰納法とは、自分の今までの経験を無駄にせず、そこから今後に役立つ学びを得ようとする思考法です。

このように、毎回クズ男に引っかかってしまう女性は、過去の経験から共通性や法則性を発見できていないということになります。

ルール9

帰納法と演繹法で考える

帰納法を活用していくうえで重要な力は「分解力」です。

例えば、次のように「振られた」という経験を分解していく場合は、「振られた」という事象の構成要素を考えていくことが必要です。

振られた↓飽きられた、相性が合わなかった、相手の意思や時間を尊重できなかった、自分が重たかった、自分のことを話せなかった、自分の魅力が足りなかった、相手を知らなかった

このように分解すると、単なる経験がこれからの学びにつながる財産になり、共通点を見つけやすくなります。

演繹法とは

演繹法とは、前提となるルールに、ものごとを当てはめて結論を出す思考法です。ここでいうルールとは、規則や常識、あるいは方針や法則など、一般的に正しいとされていることになります。

例えば、次のようなものです。

例1

1 人は相手に好意を持つと、質問の回数が増える（前提となるルール）
2 彼は私と話しているとき、質問の回数が多い（当てはめるものごと）
3 よって彼は私に好意を持っているだろう（結論）

例2

1 お互いが尊敬し合っていると関係性は長続きする（前提となるルール）
2 私は彼氏のことが尊敬できず、彼も私に対して尊敬の気持ちがない（当てはめる

ものごと）

3 よって私たちの関係は破綻しやすいだろう（結論）

この思考法は、ものごとを予測する場合に非常に便利です。
でも、これには弱点があります。
それは、「前提となるルールが間違っている」場合もあるということ。
次の例を考えてみてください。

例3

1 優しい男性は、車道側を歩いてくれる（前提となるルール）

2 私の彼氏はいつも車道側を歩いてくれる（当てはめるものごと）

3 よって私の彼氏は優しい（結論）

おそらく、「そうとは限らない」と思ったのではないでしょうか。

なぜなら、前提となるルールの妥当性や客観性が弱いからです。

車道側を歩いてくれることは優しさの一つかもしれませんが、それだけでその男性が優しいと判断するのは短絡的です。

このように、演繹法は「前提となるルール」が間違ってしまうと、すべてが崩れる脆さを持っています。

130ページの例1にある、

「人は相手に好意を持つと、質問の回数が増える」

この例も、一見、説得力があるように見えますが、本当にそうでしょうか。

確かに「好意を持つと、質問の回数が増える」と考えることはできます。

でも、相手に好意がなくても雑談を盛り上げるために質問することもあるし、相手に好意があっても慎重になって質問ができない人もいるでしょう。

このように、演繹法はとても便利ですが、脆い面も備えています。

したがって、演繹法を駆使しながら、同時に前提を疑うことが大事だと考えます。

ルール10

自分のルールを作り、それに従う

多様な価値観が受け入れられている現代に、絶対的な正解なんてありません。

よって、自分自身の経験や知識から、どれだけ自分なりの正解を出せるかがカギとなるでしょう。

その中で最強な思考法は、帰納法＋演繹法の組み合わせです。

この組み合わせはお互いの欠点を補い合い、時代に左右されにくい性質があります。

次のように、「帰納法で自分のルールを作り、そのルールを演繹法に適用」して考えてみてください。

1 帰納法で自分のルールを作る

「一番長続きした彼氏は、いつも私のゆっくりとしたペースに合わせてくれた」

「親友は、私の優柔不断な部分を『深く考えられて素敵』と言ってくれた」

「私が一番つらかったのは、なんでも即断即決する彼氏と付き合って、私にも常に早くものごとを決めるよう急かされていたことだ」

この三つの事実から、「私は自分の優柔不断なところを受け入れてくれて、肯定してくれる人とうまくいきやすい」ということがわかります。

2 帰納法で導き出した自分のルールを演繹法に適用する

「私は、自分の優柔不断なところを受け入れてくれて、肯定してくれる人とうまくいく（前提となるルール）」

「今仲良くしてくれる彼は、私と一緒にゆっくりものごとを考えて、時間をかけて話し合うことを楽しんでくれるし、優柔不断なところも受け入れてくれて、一緒にいて居心地がいい（当てはめるものごと）」

「よって、彼とはこれからも関係を継続していきたい（結論）」

このように、今までの恋愛経験や、今まで出会った男性のデータをもとに、帰納法と演繹法を組み合わせると、自分自身に沿った答えを出すことができるでしょう。

ルール 11

マッチングアプリを正しく使う

あなたは、**「マッチングアプリは恋人や結婚相手を探すためのアプリ」**だと思っていませんか？

もちろんそれは正しいのですが、これこそがマッチングアプリを使うときの罠だと、僕は考えます。

マッチングアプリは便利なツールですが、使い方を誤ると疲弊するものだと思います。

なぜなら、マッチングアプリを使う目的をパートナー探しに設定した途端、マッチングした相手一人一人に対して毎回、**「この人は恋人・結婚相手としてふさわしい？」**と考え、コストがかかってしまうからです。

こうなると失望の連続です。

メッセージの段階で「いいな」と思っても、会ってみたら全然印象が違っていたとか、付き合うことになったもののマッチングアプリを全然消してくれないといったことも よくあることですよね。

ですので、まず前提として「マッチングアプリは恋人や結婚相手を探すためのアプリではない」と割り切ることが大切です。

そうしたほうが、余裕も生まれると思います。

もちろん、結果的に恋人ができれば問題ありませんが、それは単なる「副産物」として捉えるほうがいいでしょう。

マッチングアプリは出会い探しのツールではなく、次のような目的に設定することが重要だと僕は思っています。

❶男性という生き物を学ぶ
❷コミュニケーション能力を鍛える
❸仮説検証能力を身につける

つまり、マッチングアプリのコストをすべて「学習代」と捉えるのです。

そうすることで、**「無駄な時間だったな」**とか**「やっぱり私には向いていなかった」**

など落ち込むことがなくなります。
では、この3つについて、説明していきます。

1 男性という生き物を学ぶ

クズ男に引っかかってしまう女性は男性についての理解が浅いものです。よく**「自分には彼しかいない」**と思い込んでしまう女性がいますが、これは、そもそも関わっている男性が少ないことが原因です。

また、電話相談を通して、「男性ってみんな○○なんですか?」と聞かれることがありますが、男性と関わる機会が増えていけば、同じ男性でもいろいろな男性がいることがわかると思います。

すぐに「男性はみんなこうだ」と決めつけるのではなく、マッチングアプリを利用して出会いを増やし、さまざまなタイプの男性がいることを肌感覚として知っていきましょう。

そして、自分なりに男性心理の傾向を摑んでいくことが大切だと考えます。

2 コミュニケーション能力を鍛える

僕はコミュニケーション能力というものを次のように捉えています。

・相手と適切な距離感で関わる力
・お互いに理解し合い、信頼関係を築く力

つまり、「話す力」「聞く力」「空気を読む力」のようなもの。

飲み会でみんなと楽しく盛り上がる力や、すぐに人と打ち解ける力をコミュニケーション能力だと思っている人がいますが、僕はそうは思いません。

そういう人ほど相手との距離感が近すぎて、人間関係の問題が発生しやすいものです。

では、クズ男に引っかかってしまう人にとって必要なコミュニケーション能力って、なんだと思いますか？

僕は一つ目にあげた「相手と適切な距離感で関わる力」だと思っています。

クズ男は往々にして、距離感が異常に近いもの。

そのため、その距離感に合わせて自分も近づいてしまうと痛い目に遭います。

ある程度の信頼関係ができるまでは、適度な距離を保ち、相手を冷静に見ていきましょう。

そこで特に重要なのが「断ること」だと考えます。

例えば、初対面でいきなり**「家に来ない？」**と言われて、流されて行ってしまうようでは距離感を間違えています。

ただ「断ること」は、なかなかハードルが高いでしょう。

なぜなら、嫌われたくないと思ってしまうからです。

それから、断ることが苦手な人は、これまで断った経験も少ないのではないでしょうか。

よって、マッチングアプリで意識的に断る練習をしていくことが必要だと思います。

次に、「お互いに理解し合い、信頼関係を築く力」ですが、これは「自分のことを相手に伝える力」と「質問する力」ともいえます。

なぜなら自分のことを相手に伝えなければ、自分について相手に知ってもらえないし、質問しなければ相手のことを知ることができないからです。

したがって、「どれだけ自分のことを知ってもらえたか」と「どれだけ質問をして相手のことを知ることができたか」という二つに注意して、マッチングアプリを活用していくことをおすすめします。

コミュニケーション能力が高ければクズ男に引っかかることはありません。

3 仮説検証能力を身につける

現代は、オンラインでのコミュニケーションが主流です。

そこで必要となるのが、仮説検証能力です。

言い換えるならば「オンライン上でのコミュニケーションで仮説を立てて、オフラインでのコミュニケーションで検証する力」。

マッチングアプリでは最初にメッセージを交換しますよね。

そのメッセージの段階で、次のように、ある程度の仮説を立てることができます。

「この人は最初からタメロだから、会ったときもいきなり馴れ馴れしくしてくるかもしれない」

「この人はバランスを考えてメッセージを送ってくれるから、会ったときも会話のバランスに配慮してくれるかもしれない」
「この人は言葉選びが丁寧で柔らかいから、会ったときも物腰が柔らかいかもしれない」

あくまでも仮説を立てることが重要で、正しいかどうかにこだわる必要はありません。

そして会ったときに、自分の立てた仮説がどれくらい合っているかを確認してください。

マッチングアプリを通して仮説検証能力を身につけ、判断の速度や正確さを確実に上げていきましょう。

ルール12

クズ男をアトラクションだと考える

「クズ男はアトラクションである」と考えることをおすすめします。

彼らって付き合うとなると、やっかいなことが多いですが、単に遊ぶだけなら刺激的で楽しいんですよね。

なので、アトラクションを楽しむ感じでクズ男と関わればいいと思います。

執着するときって大体、**「この人は自分のものだ」**という所有欲が発生したとき。

テーマパークのアトラクションなら、**「私だけのアトラクションなのに、ほかの人が乗ろうとしていてムカつく」**とはなりませんよね。

クズ男をアトラクションと捉えることでクズ男が共有物になり、執着心を減らすことができます。

ただ、これができるのは精神的に自立している女性だけかもしれません。

クズ男と関わるのであれば、うまく折り合いをつけることが重要です。

ルール13

美的感覚で選択する

次のような質問が僕のもとに届くことがあります。

「セフレになってダラダラと関係を続けてしまっています。これって、やめたほうがいいですか？」

「元彼と復縁したいと思うのですが、どう思いますか？」

「彼から雑な扱いを受けています。それでも付き合い続けているのですが、別れられません。どうしたらいいですか？」

「意中の彼をデートに誘いたいのですが、なかなか勇気が出ません。どうしたらいいですか？」

「一方的に彼から別れを告げられました。私を振った彼に復讐したいと思うのですが、どう思いますか？」

恋愛で陥りがちなのが、このように「このままでいいのかな？」と考えて、その悩みのループから抜け出せないことです。

このような質問をされる方は、きっと「こうすべきだ」という正解を求めていると思いますが、これらの質問に客観的な正解はありません。

ここで大切なのは、美的感覚です。

要するに「その行動、その選択が自分にとって美しく思えるか?」と考えることです。


「セフレとダラダラと関係を続けている自分を美しいと思う?」

「元彼と復縁しようとしている自分を美しいと思う?」

「雑な扱いを受けてまで付き合い続ける自分を美しいと思う?」

「デートに誘えずやきもきしている自分を美しいと思う?」

「別れた直後に復讐をしようとする自分は美しいと思う?」


と自問自答をしてみてください。

「これが正しい」「こうしなくちゃいけない」ということで判断しようとするから、「恋愛の正解」がわからなくなります。

また、人によって正しさの判断基準も異なるので、人の意見をすぐに鵜呑みにしてしまうのも危険です。

例えば、

「彼のことが好きなら、どんな形でもいずれ本命になれる」

「好きな気持ちが消えないなら、諦めずに復縁を求めていい」

「告白は男性がするものだから、女性が告白するのは間違っている」

「邪険な扱いをされているなら、やり返して思い知らせるべきだ」

などという意見は吟味が必要です。

正しさで判断しようとするから「何が正しいのか」がわからなくて迷うことになり、いろいろな人の意見に振り回されるもの。

正しさではなく美しさで判断しましょう。

あなたが美しいと思う選択があなたの中での正解です。

恋愛の誤りと本質

恋愛の誤りと恋愛の本質を、このように考えてみました。

◆「尽くせば振り向いてくれる」は誤り　あなたが魅力的になれば振り向いてくれる
◆「彼は変わってくれるかもしれない」は誤り　自分自身が変わって初めて彼が変わる可能性が開ける
◆「彼氏ができれば幸せになる」は誤り　彼氏ができて幸せになれる人は一人でも幸せに生きられる人
◆「共通点だけでつながろうとする」は誤り　相違点の発見を楽しめるかどうか
◆「連絡がこないから愛されていない」は誤り　連絡がこないだけで崩れる信頼関係が問題
◆「愛はもらうもの」は誤り　愛は受け取るものであり、愛は与えるもの

◆「長続きさせるために付き合う」は誤り　長続きさせることは目的ではなく、結果的にそうなっているもの

◆「相手の長所だけ愛する」は誤り　短所をも魅力的に思えるのが愛

◆「この人は絶対に私を傷つけない」は誤り　この人によって傷ついても私は納得するという信頼関係が大事

◆「嫌われないように振る舞う」は誤り　自分が好きなように生きて好かれないのであれば仕方ない

◆「恋愛は男性に追わせることが大事」は誤り　男性に追わせようとしている時点で自分が追っているし、追うことと積極的になることは違う

◆「私の恋愛がうまくいかないのは彼がクズ男だから」は誤り　クズ男を選んでしまう自分に問題があるし、自分がクズ男にしてしまっている可能性もある

第3章のまとめ

この章のメッセージは「成長しよう」「自立しよう」「自分の人生を生きよう」です。

もし、ピンとくる内容があったら、目を通すだけではなく、行動するようにしてください。

大事だと思う箇所に線を引いたり、メモしたりすることも行動です。

成長し、自立し、自分の人生を生きることができた女性は、クズ男に引っかからないと僕は確信しています。

第 4 章

誠実な男性は、ここが違う

第４章では、「幸せな恋愛をしている人が選んでいる男性」についてお話しします。

そのような男性の特徴を知っても、その男性と付き合うに値する女性にならなければ付き合うことには直結しません。

でも、これからお伝えする男性の特徴を知るだけで、クズ男との恋愛の沼にハマることはなくなるでしょう。

理想の男性とは

例えばの話をします。ちょっと考えてみてください。


Aの国とBの国があります。

Aの国にはクズ男しかいません。Bの国にはいい男がたくさんいます。

あなたはAの国で生まれ育ちました。Aの国に住む男性は、みんな当たり前のように浮気をし、当たり前のように女性に嘘をつきます。

Aの国の住人は、幼い頃からそのような男性に囲まれて育ってきたため、浮気されることや嘘をつかれることが、ごく普通のことだと考えています。

Aの国の住人は、彼らがクズ男だなんて考えたこともありません。

ある日、海の向こうから船がこちらへやってきます。

一人の船人が言いました。

「その国にいるのは危険だ。そこにはクズ男しかいない」

Aの国の住民は何を言っているのかさっぱりわかりません。

なぜなら、この国が自分たちにとっての当たり前だからです。

船人はさらに言います。

「Bの国にはいい男がたくさんいるから、Bの国へ来い。この船に乗るんだ」

Aの国の人は「変な人が来たな」としか思いません。

結局、誰もその船には乗りませんでした。


さて、Aの国の人はなぜ船に乗らなかったのでしょうか？　理由は簡単です。

いい男と言われてもどんな男かわからないし、見たこともないからです。

この話で僕が言いたいのは、**「もしかしたら自分が見ている世界は間違った世界なのかもしれない」**と疑うことが大事だということ。

これから僕は、Bの国の男性についてお話ししていきます。

タイプ1

見えない優しさを持っている

見えない優しさというのは、「すること」ではなく「しないこと」にあらわれるもの。

つまり、浮気をしない、嘘をつかない、相手の話を否定しない、相手が傷つくことを言わない、約束を破らない、人を待たさない、不機嫌にならない、距離感を誤らない、言動が矛盾していない、などといったことです。

「そんなの当たり前」と思うかもしれません。

では、先ほどあげたことを、すべて満たしている男性はどれくらいいるでしょうか。

クズ男はたいてい、これらのいくつかを満たしていません。

彼らは「見える優しさ」を与えることに長けているため、女性は「見えない優しさ」を見逃してしまうことがあります。

だからこそ、見えるものだけに惑わされず、見えないものに目を凝らしましょう。

それから、気遣いが巧みすぎるあまりに、相手がまったく気づかないほどのさりげない親切ができる人は素敵です。

つまり、完全犯罪的な優しさを持つ人。

彼らは、自分自身が満たされているので、優しく思われようと考えていません。

彼らにとっては、誰かから承認されることよりも、目の前の女性が喜んでくれること、居心地よくいてくれていることが大切なんです。

それから、存在自体が優しい人も素敵です。

これは説明するのが難しいのですが、そこにいるだけで優しいオーラを放っているという感じです。

本当の優しさって、その人自身から切り離されないものなのではないでしょうか。

具体的に何かをしてくれるわけではないけど、そばにいてくれると落ち着くし、そばにいなくても安心する、そんな男性です。

自分自身の安心感のために、わかりやすい優しさに縋ってしまうと、見えない優しさを捉えることができません。

タイプ2

見えない部分を知ろうとする

外見を褒める男性はいても、深層的な魅力を見つけられる男性はなかなかいないものです。

例えば、自分の弱さに向き合って努力している姿、相手の優しさを受け取って、感謝できる洞察力、些細なことに感動できる感性、解釈の幅の広さや豊かさなど、時には自分も知らない自分のよさを言葉にしてくれる男性です。

そもそも相手の深層的な魅力は、時間をかけて相手を観察したり、対話したり、一緒にいろいろなことを共有していないとわかりません。

そして「見えない部分を知ろうとする男性」というのは、「人間って奥深いな」「人それぞれ全然違って面白いな」という考え方を持っているように思います。

少なくとも「**人間ってみんなこういうものでしょ**」と決めつけるような、視野の狭い男性は、見えない部分を知ろうとしません。

タイプ3

自分の優しさを疑う

小さいころから「自分がされて嫌なことは人にはしない」「自分がされて嬉しいことをしましょう」と教えられたものですが、ある意味、これは自己中心的な考え方だと思います。

人によって「嫌なこと」や「嬉しいこと」は違うので、**「自分が優しさだと思っているものが、相手にとっても優しさになるとは限らない」**という視点が大事でしょう。

「優しくしていたつもりなのに、相手の心を傷つけてしまった」

「お互い傷つかないように距離を保っていたのに、本当に大切なものを見落としてしまった」

ということはよくあると思います。

だからこそ、自分が優しさだと思っていることを疑ったり、自分の行動が他人にどんな影響を与えているかを考え、自覚することです。

タイプ4

安易に共感や理解をしない

現代では**「共感しました」「すごくわかる」**というように、安易に共感や理解を示す傾向があるように思います。

でも、自分が必死に乗り越えた過去や、なんとか克服したコンプレックスなど、「安易に共感されたくないこと」「簡単に理解されたくないこと」ってありますよね。

そういったことに対して**「すごくわかるよ。俺も学生時代○○だった」**と言われたら、**「簡単にわかった気にならないでほしい」**と思うはずです。

男性向けの恋愛指南書では、よく「女性には共感することが大事」と書かれているものです。

これは間違いではありませんが、「わかったフリ」をして女性の心を射止めようとする男性が増えているのも確かです。

そこにあるのは「とにかく女性には共感しておけばいい」という傲慢さです。

タイプ5

苦労を経験してきた

「人が体験する困難な出来事のレベルにはそこまで違いはなく、自分の苦しみにどれだけ自覚的になれるかが違うだけなんじゃないか」と僕は思っています。

「苦しみに自覚的になる」というのは、目の前で起こっている困難や惨状、または自分の内側で沸き起こった負の感情を自分自身で引き受けるということです。

すべてのものごとにきちんと向き合い、自分自身で乗り越えようとしてきた人は当然、苦労してきた人だと思います。

苦労をしっかりと通過してきた人は自分の弱さや醜さ、痛みをよく知っているため、人からの助けに対して心から感謝できるでしょう。

反対に、他人や環境に依存してばかりいた人は、人の善意に感謝できません。

たくさんの喜びを知っていることも大切ですが、たくさんの苦しみを知っていることはもっと大切です。苦労を通過してきた男性は確実に信頼できます。

タイプ6

目に慈悲深さが刻まれている

「目は口ほどに物を言う」という言葉があるように、眼差しはどんな言葉より、どんな話より、時に真実を雄弁に語ると思っています。

だから、どんな言葉を語るかよりも、どんな目で語るかのほうが大事です。

優しさも、真剣さも、誠実さも、愛情も、人生経験も、すべて目に宿るものだと思います。

ここまで読んで、**「そんなの判断しづらい」**と思うかもしれません。

でも、結局のところ「判断しやすいもの」、つまり「わかりやすいもの」に頼ろうとするから、本当に大切なことを掴めないとも思うのです。

大切なことは、直接会って目を見て話したいですよね。

スマホは便利ですが、ＬＩＮＥやＳＮＳの中にあなたが知りたい真実はありません。

最終的に信じるべきものは、相手の目なのかもしれません。

タイプ7

家族や友人に紹介してくれる

男性があなたを家族や友人に紹介するということは、次のことが考えられます。

・家族や友人との関係性が良好である
・紹介したいと思えるほど、魅力的な女性である
・ある種の「浮気をしない」という宣言をしている

したがって、もし彼があなたを家族や友人に紹介してくれたら、あなたとの関係性を真剣に考えているといっていいでしょう。

一方、クズ男は、ほかの女性と遊びにくくなるので、家族や友人に紹介しません。

また、周りの人に紹介すると、別れづらくもなります。

これも、いざとなったら責任を回避したいクズ男にとって大きなデメリットです。

付き合う前に**「これまで彼女を家族や友人に紹介したことある？」**と聞いてみることは、かなり有効な手段かもしれません。

タイプ8

生き様としての余裕がある

よく「余裕のある男性がいい」と言いますが、僕は次のような余裕を持つ男性が素敵だと思っています。

・自分への強い信頼から生まれる余裕
・誰かを本気で愛した経験から生まれる余裕
・何かに熱中していることから生まれる余裕
・多くの困難を乗り越えたから生まれる余裕
・あらゆることを考えてきた知性から生まれる余裕

女性経験の豊富さや、女性を見下していることからくる余裕には軽薄さがありますが、生き様から生まれる余裕には軽薄さはありません。あるのは誠実さです。

生き様としての余裕は言葉や態度にあらわれ、目に宿るでしょう。

そんな男性はあなたを守ってくれ、あなたを頼ってくれます。

タイプ9

あなたをもっと知ろうとしてくれる

よく「尊敬できる男性がいい」とも言われますが、本当の意味での「尊敬」とは、相手自身を発見し続けることだと僕は思います。

そして、相手自身を発見し続けるためには、自分自身の無知な部分と向き合う必要があります。

「僕はまだ君の○○な部分を知らないな」と、相手と向き合う自分と向き合い、あらゆる角度であなたのことを知ろうとすることです。

このような男性と関わり、対話をしていくと、女性側は自己理解が深まって「この男性と話していると新しい自分を発見できる」といった感覚になるはず。

したがって、発見し続ける男性は、あなたの魅力をさらに引き出してくれるでしょう。

タイプ10

素直で無邪気

おいしいものを食べて「おいしい！」と素直に表現できる男性、綺麗な景色を見て「綺麗！」と素直に感動できる男性、一生懸命な誰かの姿を見て「素敵！」と素直に感心できる男性。

このような素直で無邪気な男性が、女性を無自覚に傷つけているのを僕は見たことがありません。

素直で無邪気に振る舞えるということは、心が安定している証拠なんです。
自分を偽っている男性からは素直な表現はあまり出てきません。
それから、素直で無邪気な男性は相手に安心感を与えます。
なぜなら、わかりやすいから。
嬉しいときは嬉しい表情をして、嫌なときは嫌な表情をする。
やっぱりわかりやすい人、つまり、心と身体が連動している人は信頼できます。

自分に嘘ばかりついていると、自分の素直な気持ちを忘れてしまうんですよね。

すると心と身体のバランスが崩れ、素直に表現できなくなっていく。

女性が男性を不安に思ってしまうときって**「この人、何を考えているのかわからないな」**というときだと思うんですよ。

そういう男性はやっぱり素直さに欠けています。

だから、素直で無邪気な男性は最強です。

そのような男性は、会っていないときでも**「今日、夕日がすごく綺麗だった」**と言って写真を送ってくれるでしょう。

誠実な男性って、心からその女性を好きになったら、些細なことでも報告したくなるのです。

なぜなら、自分のことをもっと知ってもらいたいし、一緒に世界を共有したいから。

よって、些細なことでも報告したくなるような、感受性が豊かな女性になることも大切です。

タイプ11

無駄な期待をさせない

不毛な恋愛をしている女性によくあるのが「無駄な期待をしてしまうこと」。

そして、それはたいてい、
・付き合う気がないのに思わせぶりな言動をする
・恋人がいたり結婚していたりすることを隠す
・自分の行動の意味を相手が納得するように説明しない
などといった相手の無責任な言動が原因です。

これらの共通点は帰納法で考えると、「はっきりさせない」ということですよね。

したがって、曖昧にせず、はっきりさせてくれる男性は間違いなく誠実です。

例えば、あなたに気がなかったら、**「君に対して恋愛感情はない」**と言ってくれる男性。

相手を傷つける覚悟で、自分の正直な気持ちを伝えてくれる人は誠実だと思います。

タイプ12

自分の機嫌を自分で取れる

誰でも不機嫌になることはあるし、落ち込むこともありますよね。

そういうときに、自分の機嫌を直す方法を知っていて、他者を巻き込まずに実行できる人は大人だといえるでしょう。

例えば、調子が悪いときに**「今日はちょっと調子が悪くて迷惑をかけてしまうから会えない」**と言ってくれる男性。

そのような男性は、相手が悩んでいたり落ち込んだりしているときに、適切な言葉や、的確な解決策を伝えてくれます。

または、何も言わず抱きしめたり、穏やかにそばにいてくれるはずです。

彼らは、いろんな痛みや悩みと向き合ってきたからこそ、相手にも寄り添える。

いつも機嫌がいい男性は、多くの地獄を知っている男性といってもいいのかもしれません。

タイプ13

愛がある

愛がある男性とは、どんな男性なのでしょうか。

そもそも愛とは、なんだと思いますか？

古代ギリシャのアリストテレスは「愛というものは、愛されることによりも、むしろ愛することに存する」と述べていて、有名な社会心理学者エーリッヒ・フロムは「愛は何よりも与えることであり、もらうことではない」と述べています。

これらのことから、愛は受動的なものではなく、能動的なものだといえます。

この前提を踏まえ、「純粋性」「全力性」「受容性」の視点で愛を定義してみました。

純粋性……相手への想いがどれだけ純粋なものであるかということ。

自分の寂しさや性的欲望を満たしたいからとか、**「この子と付き合えば自慢できる」**とか、自分の利益のためといった理由や目的が入っているなら、純粋性がないもの、つまり愛ではないということになります。

全力性……これまで得てきたものすべてを、自己犠牲的にならず、独善的にならず、全力で与えようとすること。そして、それらを継続しようとすること。

「永遠に愛します」と宣言したのにもかかわらず、愛する努力もせずに自ら愛情を失い、別れを告げてしまうのは、全力性が欠けています。

決意や決断や実行があるものこそ、全力であるといえるし、愛の本質だと思います。

受容性……自分を受け入れ、相手に寛容であること、そして相手の心を受け取ろうとする姿勢そのものです。

愛という字は心を受け入れ、心を受け取ると書きます。

「相手の心を受け取る」とは、相手を知り続け、対話を重ね続け、感謝し続け、信じ続け、相手との関係を考え続けることになります。

例えば、「許す」ことは、受容性が高い行為です。

相手を許すためには、相手を知ること、対話すること、感謝すること、信じること、信頼関係を構築していくことが不可欠だからです。

いい男があなたに与える豊かさについて

いい男がもたらす「豊かさ」について、こんなふうに考えてみました。

◆いい男はあなたの優しさを受け取る　そしてあなたはもっと優しくなる
◆いい男はあなたが知らないあなたのよさを見つける　そしてあなたはさらに自信を持つ
◆いい男は心の内側を明かす　そしてあなたは強く安心する
◆いい男はあなたの短所を魅力に変える　そしてあなたは自分らしく生きられる
◆いい男はあなたを否定しない　そしてあなたは勇気を出せる
◆いい男はあなたと知識を共有する　そしてあなたはさらに賢くなる
◆いい男はあなたと未来を語る　そしてあなたは生きる楽しみを増やしていく
◆いい男は自分の時間を大切にする　そしてあなたも自分の時間を大切にする

◆いい男は責任を持とうとする　そしてあなたは決断することができる
◆いい男はあなたを頼ろうとする　そしてあなたも彼を信頼する
◆いい男はあなたと真剣に話し合う　そして二人の関係はさらに発展する
◆いい男は未知なるものを大切にする　そしてあなたも未知なるものへの恐怖をなくす
◆いい男はあなたに感謝する　そしてあなたは付き合っている喜びを実感する
◆いい男はあなたの可能性を発見する　そしてあなたは新たな跳躍をする
◆いい男はこの世界の美しさを語る　そしてあなたの日常に豊かさが加わる
◆いい男はあなたを愛する　そしてあなたは愛を学び、相手を愛する

第4章のまとめ

この章でお話しした男性に対して、「そんな男性なんていないよ」と思ったとしても、安心してください。

自分が変わっていけば、確実に付き合う男性の質も変わっていくはずです。

成長しようとする男性は、一緒に成長しようとしてくれる女性が好きですし、誠実な男性は誠実な女性が好きです。愛のある男性は愛のある女性が好きです。

今こそ自分を変えてみませんか。そして恋愛を好転させましょう。

第5章

クズ男から卒業すれば、今よりもっといい女になれる

僕がこの本で最も伝えたいことをこの章に込めました。
この章は「明確な答え」のようなものは書いていません。
ただ、ぜひ、「ありたい自分」について思いを巡らせてほしいと思っています。
よりよく生きるということは、よりよい自分を選んでいくこと。
クズ男から離れ、よりよい自分を目指していってください。

1 クズ男ときちんと別れる方法

これまで僕は、クズ男と別れられないたくさんの女性の相談に乗ってきました。

クズ男はブラック企業のような側面を持っているため、女性側がどんなに別れたくても、別れられない事態に陥っていることがよくあるようです。

例えば、彼らに別れ話をしたとしても**「俺は別れたくない」「俺にはお前が必要だ」**などと言って情に訴えてくる。

そんなとき、多くの女性は流されてしまいます。

また、相手が逆上する恐れがあり、それに怯えて別れられないケースもあります。

情に流されてしまうケースと逆上が怖いケース、この二つの場合、どうすれば別れられるのでしょうか。

・情に流されてしまうケース

直接会うと情に流されそうなら、LINEで別れを告げることをおすすめします。

「あなたに対して気持ちがなくなった」などと素直に伝えましょう。

「別れたほうがいいと思うから」というような、曖昧な言い方だと簡単に反論されてしまいます。

また、**「仕事が忙しくなってきたから」**というような、便宜的に作った理由も通用しません。

大切なのは、「相手を傷つける覚悟を持つこと」です。

クズ男の場合は、誰も傷つけず、誰も悪者にならず、円満に別れることは難しいです。したがって、別れる際には、心を鬼にして臨まなければなりません。

それから、別れたあとも彼からメッセージが送られてきて、誘惑に負けてしまう恐れがあるので、別れると決まったら、LINEをブロックしたほうがいいでしょう。

思い切って、SNSもブロックしてしまいましょう。

・逆上が怖いケース

相手にＤＶ気質がある場合、電話やＬＩＮＥのメッセージだと納得しなかったり、家に押しかけてくることもありえます。

その場合は、カフェやレストランなど、周りの目がある場所で、自分の気持ちを素直に伝え、別れ話をしましょう。

それでも怖い場合は、ストーカー相談窓口や警察に助けを求めましょう。

過去の電話相談には、警察に駆け込むまで別れられなかったケースもありました。


このように、生半可な覚悟ではクズ男とは別れられません。

また、共通の友達がいる場合は、なんらかの形で彼とまた接点を持つ可能性があるので、共通の友人とも距離を置いたほうがいいと思います。

なんとしても物理的に距離を置かない限り、彼への問題は解決しません。

そのうち別れられるだろうと思って、ズルズルと関係を続けていると、どんどん別れられなくなっていくでしょう。

2

自分の人生と彼の人生を切り離す

クズ男と離れられない女性の中に**「私がいなくなったら、彼は生きていけなくなってしまう」**と思っている人がいます。

でも、そんなことはありません。

彼は生きていけます。

そもそも、彼の人生をどうにかするのは、あなたではなく、彼自身です。

そして、あなたが彼と離れることが、彼の人生のためにもなるんです。

あなたの存在が彼の自立を妨げている可能性もあるでしょう。

罪悪感を抱く気持ちもわかりますが、人が自立に向かうためには孤独が必要です。

本当に彼のことを思っているのであれば、離れる勇気を持ってください。

3

忘れようとしなくていい

「彼のことを忘れたいんです。どうしたらいいですか」という相談を受けることがありますが、基本的に、簡単には忘れることはできないと思います。

ではどうすればいいか。

薄めることです。

新しい水を入れていき、液体濃度を下げていく様子をイメージしてみてください。

そのためには、とにかく新しいことを始め、新しい自分になることが重要です。

今までしていなかった筋トレやウォーキングをする、髪型や服装を変えてみる。

そのように自分を変化させると、だんだん彼のことを考えなくなります。

彼のことを思い出したり、考えたりしても自分を責める必要はありません。

「今、自分は彼のことを考えているな。でも前よりは考えることが減ってきた」と、ありのままに受け入れることが、立ち直るための一番の近道です。

4 精一杯、悔しがる

これまでクズ男との恋愛を卒業した女性を何人も見てきましたが、彼女たちに共通していることが「精一杯、悔しがっている」なんです。

彼女たちは、次のように言っています。

「一人の男に人生めちゃくちゃにされた自分がバカみたい」
「なんであんな男を好きだったんだろう。当時の自分、見る目がなさすぎる」
「もう絶対、あんなに醜い自分に戻りたくない」

彼女たちが悔しがっている理由には、「問題なのは彼」ではなく「問題なのは未熟だった自分」だと気づいたということがあります。

すべて相手のせいにして自分の未熟さと向き合おうとしない女性には悔しさは訪れません。

ただ、悔しさといっても**「あんな奴、バチが当たればいいのに」**と考えてしまうのは、**「私をこんなひどい目に遭わせたあいつも同じように苦しめばいい」**という被害者意識によるものなので、悔しさとはいえないと思います。

また、このように考えていると、かえって強い執着を生みやすく、自分を苦しめてしまいます。

僕が言う「悔しがる」というのは、ある種、自分を否定することになります。

というのも「クズ男にハマってしまう自分」は否定すべき自分だからです。

クズ男に引っかかってしまった自分の愚かさと向き合うのは大変なことでしょう。

クズ男のせいにしておけば自分は傷つかずにすみますが、目を背け、問題を先送りにしたら、同じことの繰り返しです。

だからこそ、自分と向き合わないといけません。

精一杯、悔しがりましょう。

その悔しさがこれからの人生を大きく変えていくと、僕は思っています。

5 結局、クズ男と付き合ってもいいのか

僕は「クズ男と付き合うな」とは言いません。

しっかりと覚悟を持っていれば、そのような男性と付き合ってもかまわないと、僕は考えます。

生半可な覚悟ではなく、**「自分の人生がめちゃくちゃになっても、取り返しのつかないことになっても、この男性と付き合いたい」**という覚悟ならいいと思います。

大事なのは、何があっても相手のせいにしないこと。

どんなにひどいことを言われても、どんなにひどい暴力を受けても、どんなにひどく傷ついても、**「これは自分が選んだ人生なんだ」**と自分で責任を引き受けましょう。

クズ男と付き合う場合は、「相手を変えようとする」のではなく**「相手がたとえ変わらなくても愛し続ける」**ことが大事です。

そもそも相手を変えようとしている時点で、それは本当の愛ではないでしょう。

6 あなたはあなたにしかなれない

意中の彼が別の女性に夢中になったら、**「自分もその女性のようになれば振り向いてくれるはず」**と期待して、自分以外の誰かになろうとする人がいます。

でも、あなたがその女性のようになったとしても、彼が振り向いてくれるとは限りません。

そもそも、誰かになろうとするということは、自分自身の魅力を損なうことにつながりますよね。

人間には個性という魅力が備わっています。

それを掘り起こし、磨いていくことが大事なのです。

あなたの魅力をあなた自身が誰よりも認められるようになってください。

そうなれば、**「私の魅力に気づかない彼に執着してしまうなんてバカバカしい」**と思えるはずです。

7 こんなふうに自分が変わっていく

クズ男から離れると、「不安を感じ、ストレスを抱え、自己肯定感が落ち、生きる気力を失う」という負の状態から抜け出すことができて、次のような変化が訪れます。

1 時間の使い方が変わる

連絡を待ってスマホを握りしめていた時間、彼のSNSを詮索していた時間、彼への不安で頭がいっぱいになっていた時間、彼と会っていた時間、これらのすべての時間が、自分が自由に使える時間になります。

おそらく最初は何をしていいか戸惑うでしょう。

でも何をしてもいいのです。

映画を観てもいいし、音楽を聴いてもいいし、読書をしてもいいし、旅をしてもいいし、習い事を始めてもいいし、ペットを飼ってもいいし、転職をしてもいいし、何もしなくてもいい。

クズ男の沼にハマっている人が**「自分が何をしたいのかがわからない」と言うのは、「自分の欲求もわからないほどの精神状態にいる」**ということなんです。

でも、彼から離れることができれば、どんどんやりたいことが溢れてくるでしょう。

そして心から自由な時間を楽しむことができます。

2 ものごとの認識が変わる

クズ男から離れ、ストレスや不安から解放されると、五感が鋭敏になります。

散歩をしたときに、風を心地よく感じ、透き通る空の青さに感動し、季節の匂いに気づいて穏やかな気持ちになり、道端に綺麗に咲く花を見つけて心が洗われるなど、今までなかった静けさを獲得し、世界の美しさに気づくでしょう。

そうなると、何かに集中しやすくなります。

そして、自分と対象が溶け合うような感覚が生まれます。

僕はこの感覚こそが「自分の人生を生きる感覚」だと思っています。

つまり、**「自分は自分の人生を生きている」**という強い実感を得ることができるのです。

③ 自分自身や、付き合う男性が変わる

電話相談やＳＮＳを通して、クズ男との恋愛から目覚めることができた女性から、次のような報告をいただくことがあります。

「『表情が明るくなって綺麗になったね』と言われた」
「いい男と付き合えるようになった」
「小さなことで悩まなくなり、生きるのが楽しくなった」

などなど。

まだイメージできなくても、彼から離れることで、あなたは変われます。

あなたの人生は、自分が変わることでどこまでも楽しくなり、豊かになるでしょう。

勇気ある行動の先にあるのは、希望の光です。

8 言葉を育てる

困ったときや苦しいときに、誰かの言葉で救われたり、励まされたりしますよね。生きるということは、肉体や精神を育てていくこと、そして同時に言葉を育てていくことだと思います。

もちろん、誰かの言葉に頼ることも大切なのですが、時には自分で自分に言葉をかけていかなければならないこともあるでしょう。

そして、自分に対して必要な言葉をかけられるようになると、自分に対する信頼が芽生えます。

その感覚は、揺るがない自分に不可欠な「自分の安全基地」となります。

したがって、自分の言葉を育てていくことは、振り回されるような恋愛から卒業し、あなたを成長させ、いい恋愛に向かっていくためにはとても大切なんです。

自分の言葉を育て、自分で自分を大切にできる人になってください。

9

喪失することについて

クズ男と関わることで、確かに多くのものを失うかもしれません。

しかし、喪失を数えることに意味はありません。

喪失を数えて悲嘆するのではなく、あるがままに受け止めることが大切です。

人生は喪失の連続です。そして最も大きな喪失は人との別れだと思います。

人との別れはとてもつらく、なかなか乗り越えられるものではないでしょう。

ただ、僕たちが人生の中で固有のアイデンティティを形成する過程には、必ず大きな別れがあり、深い悲しみがあり、癒えない傷があります。それらと向き合い、受け入れていくことで、新たな自分を発見し、新しい道を開いていくことができます。

つまり、喪失はすべての終わりではなく、一つの始まりになります。

あなたが失ったものは、あなたの人生に大きな意味をもたらすはずですし、そう信じて前に進むべきなのです。

恋愛、あるいは人生についてのすべて

僕は、恋愛あるいは人生について、このように考えています。

◆孤独があるから　豊かさが生まれる
◆後悔するから　成熟できる
◆悔しさがあるから　遠くまで走れる
◆寂しさがあるから　温かさを感じる
◆苛立ちがあるから　戦おうと思える
◆ネガティブになるから　心を守れる
◆弱さがあるから　人の痛みに寄り添える
◆生きづらさがあるから　表現や芸術がある
◆届かないから　叫び続ける

◆批判があるから　内省できる
◆忘れられないから　思い出がある
◆劣等感があるから　成長が加速する
◆喪失があるから　始まる何かがある
◆別れがなければ　出会いもない
◆挫折がなければ　救いもない
◆不安がなければ　安心もない
◆絶望がなければ　希望もない
◆不幸がなければ　幸福もない
◆憎悪がなければ　愛もない
◆クズ男がいるから　弱さに気づく
◆クズ男がいるから　強くなれる
◆クズ男がいるから　本当の優しさに出会う
◆クズ男がいるから　愛について考える

第5章のまとめ

僕は、人生に不必要なものなんてないと思っています。

もしあるとするなら、自分で不必要なものとして片づけてしまっているだけです。

だから、クズ男との出会いも、彼に執着して依存してしまう自分も、自己嫌悪に苛まれた日々も、決して無駄なものではないでしょう。

なぜなら、それによって得たこと、気づけたことがたくさんあるはずだから。

「自分にとって必要だったんだ」と受け止めていくことが大切だと僕は思います。

クズ男に花束を――おわりに

『〝クズ男〟見極め教本』をお読みいただき、ありがとうございました。

確かにクズ男は憎いと思います。
その憎しみを消すことは、たやすいことではありません。
でも僕は思うのですが、憎しみからは復讐心しか生まれません。
そして、その復讐心は、やがて自分をも傷つけることになるでしょう。

だからこそ、彼を憎むのではなく、彼を愛してほしいのです。

もちろん、暴論だということは理解していますが、これが僕の核となるメッセージなんです。

「愛する」というのは、無理に関わろうとすることではありません。

無理に相手を肯定することでもないと思います。

僕が言いたいのは、クズ男をクズ男としてではなく、**「一人の人間としてあるがままに尊重する」**ということ。

それができたときに、あなたは本当の意味で、クズ男との決別を果たすことができ、人間として成長していくのではないでしょうか。


僕たちは、いつでも正解の選択ができるとは限りません。

たくさん間違い、たくさん失敗します。

でもそれらは、あなたが精一杯生きていることの証明にほかならないと思います。

あなたが自分の意思で、自分の足で人生を生きることは、それだけで価値があり、尊いことです。

正解の道を辿ることができるとは限りませんが、あなたが最善の方向に生きていくことは必ずできます。

最後に、これまでお世話になったみなさんへ、心から感謝を贈ります。

電話相談者のみなさん、stand.fm のリスナーのみなさん、オンラインコミュニティ「w√OCEAN」のみなさん、Twitter や Instagram のフォロワーのみなさん、いつも励ましや応援の声を届けてくださり、ありがとうございました。

本を出版することは、僕の一つの夢だったので、それが実現できたことに深い喜びを感じています。


僕はいつも応援しています。

この本を一つの祈りに変えて。

見知らぬミシル

成長した女は、その男を選ばない
“クズ男《おとこ》”見極《みきわ》め教本《きょうほん》

2021年 9 月 30 日　　初版発行
2023年 7 月 12 日　　5刷発行

著　者……見知《みし》らぬミシル
発行者……塚田太郎
発行所……株式会社大和出版
東京都文京区音羽 1-26-11　〒112-0013
電話　営業部 03-5978-8121 ／編集部 03-5978-8131
http://www.daiwashuppan.com
印刷所／製本所……日経印刷株式会社
装幀者……菊池祐

ISBN978-4-8047-0603-0

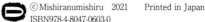